고전 마르크스주의 전통은 무엇인가?

고전 마르크스주의 전통은 무엇인가?

존 몰리뉴 지음 ◦ 최일붕 옮김

책갈피

고전 마르크스주의 전통은 무엇인가?

지은이 존 몰리뉴
옮긴이 최일붕
펴낸곳 도서출판 책갈피
펴낸이 김태훈
주 소 서울 중구 필동 1가 21-2 대덕빌딩 205호(100-866)
전 화 (02) 2265-6354
팩 스 (02) 2265-6395
출판등록 1992년 2월 14일(제18-29호)

초판 발행일 2005년 8월 25일

값 6,500원
ISBN 89-7966-040-5 03300
잘못된 책은 바꿔 드립니다.

차례

한국어판 서문 • 7

1부 _ 마르크스주의란 무엇인가?

서문 • 17
1장 마르크스주의의 계급적 토대 • 23
2장 마르크스주의의 과학성 • 31
3장 실천에서 이론으로 • 37

2부 _ 마르크스주의의 변형들

서문 • 59
4장 카우츠키주의 • 63
5장 스탈린주의 • 75
6상 제3세계 민족주의 • 95
7장 진정한 마르크스주의 전통 • 113

옮긴이 후기 • 117
후주 • 123
찾아보기 • 137

일러두기

1. 인명과 지명 등을 포함한 외래어는 최대한 외래어 표기법에 맞춰 표기했다.
2. 본문에서 [ ]는 옮긴이가 우리말로 옮기는 과정에서 독자들의 이해를 돕고 문맥을 매끄럽게 하기 위해 덧붙인 것이다.
3. ≪ ≫는 책, 잡지 등을 나타내고, < >는 신문, 영화, 노래 등을 나타낸다.
4. 저자의 원주(原住)는 책 뒤에 후주로 처리했다.

국에서는 심지어 형식적인 "정치 혁명"이나 정권 교체도 일어나지 않았다. 지난 20년 사이에 중국은 명백한 마오쩌둥(毛澤東)식 공산주의 신봉자에서 자본주의적 성장의 대형 엔진으로 변모했다. 오직 국가자본주의 이론에 바탕을 둘 때만 중국의 변모를 이론적으로 이해하고 분석할 수 있다.

스탈린주의에 앞서서 마르크스주의를 반혁명적으로 변질시키고 국제(특히 서방 선진국) 노동계급의 정치적 충성을 둘러싸고 스탈린주의와 치열하게 경합했던 사회민주주의는 여전히 우리 곁에 남아 있다. 그러나 사회민주주의도 극적으로 변화했다. 이 과정을 주도한 것은 토니 블레어와 노동당 — 블레어가 제대로 이름 붙인 신노동당 — 이었다. 노동당이 네 번 연속 선거에서 패배한 뒤인 1992년에 당수직을 맡으면서 블레어는 당의 전면적 '현대화', 즉 신자유주의로 방향을 전환하기 시작했다. 이 점에서 그는 적어도 당의 상층부에서는 괄목할 만한 성과를 거뒀다. 그러나 기층 당원들은 침묵했고 주변화됐다. 그 결과가 1997년 사회주의 의식의 흔적이 모두 사라진 노동당의 집권이었다. 그 후 노동당 정부는 영국을 조지 부시의 가장 든든한 동맹국으로 만들었고, 세 차례 중요한 제국주의 전쟁에 도움을 줬으며, 국내외에서 시민적 자유를 공격했고, 보건의료와 교육 등의 사유화를 가차없이 추진했으며, 노동조합을 배신했고(노조의 돈을 받는 것은 예외였다), 다른 나라의 신자유주의 정부들처럼 사회적 불평등을 크게 심화시켰다.

블레어가 앞서 간 길을 독일의 슈뢰더와 브라질의 룰라도 계속 따라갔다. 명백히 마르크스주의에서 시작했던 베른슈타인과 카우츠키의 사회민주주의뿐 아니라 해럴드 윌슨과 빌리 브란트의 사회민주주의도 이제는 과거지사가 돼 버렸다. 그렇다고 해서 개량주의 일반이 죽었다는 말은 아니다. 개량주의는 자본주의 사회 구조와 노동계급의 의식에 깊숙이 박혀 있다. 머리 하나를 자르면 다른 머리가 금방 생겨나는 그리스 신화의 히드라처럼 말이다. 스스로 권력을 장악할 만큼 충분히 자신감이 없는 한 대다수 노동자들은 개량주의적 해결책에 의존할 것이다. 그러나 노동 대중의 지지를 받을 수 있는 하나의 세력으로서 각국 사회민주주의 정당들이 심각하게 쇠퇴했고 그 때문에 그들의 왼쪽에 정치적 공간이 열리고 있다는 것도 사실이다.

이 책에서 다루는 세 번째 경향인 제3세계 민족주의도 여전히 남아 있으며 제국주의가 무너지기 전까지는 계속 살아남을 것이다. 그러나 제3세계 민족주의 또한 변화했다. 스탈린주의가 사멸하고 공산주의로 오인돼 온 국가자본주의가 경제 발전 모델로서 실패했다는 사실 때문에 오늘날의 제3세계 민족주의가 마르크스주의적 외피를 두를 가능성은 훨씬 더 작아졌다. 심지어 오늘날 제3세계주의의 영웅인 베네수엘라의 우고 차베스조차 마르크스주의 혁명이 아니라 "볼리바르주의" 혁명만을 얘기한다.

우리 지배자들과 그 이데올로그들이 이런 사태 전개가 사회주의의 종말을 의미한다고 주장하며 이를 환영하고 의기양양해한 것도 놀라운 일은 아니다. 자아도취와 오만에 빠진 이 부르주아 이데올로그들 가운데 일부는 새로운 세계 질서가 도래하면 심각한 충돌이나 도전

이 사라질 것이라고 기대했다. 그들은 전 세계 저항 투쟁의 근원이 모두 소련이며 소련이 사라지면 저항도 사라질 것이라고 믿었던 듯하다. 잊지 말아야 할 것은 일부 좌파, 특히 스탈린주의의 다양한 변종들에게 신뢰나 환상을 갖고 있었던 좌파들도 적어도 부분적으로는 그런 주장들을 받아들였고 그래서 지배자들의 편으로 넘어갔거나 아니면 의기소침해졌다는 것이다.

만일 그런 해석이 올바른 것으로 드러났다면 이 책에서 제시한 전망은 이제 유효하지 않을 것이다. 그러나 그런 해석은 오히려 틀렸음이 입증됐다. 지난 10년 동안 저항이 되살아났고 정말로 전 세계 수준에서 성장했는데, 그 이유는 저항이 어떤 이데올로기나 '악마', 또는 '공산주의'나 '이슬람주의' 때문에 일어나는 것이 아니라 착취·억압·불의라는 현실 경험에서 비롯하기 때문이다.

오늘날의 세계 상황은 미국 국방부 관료들의 기대에 어긋날 뿐 아니라 이 책이 처음 출간됐을 때의 상황과도 다르다. 레이건과 대처가 집권한 1980년대는 크게 보면 노동계급이 패배하고 혁명적 사회주의자들이 고립된 시기였다. 당시에는 우리의 사상을 어떻게든 방어하고 신진하는 것을 강조해야 했다. 1990년대는 부분적 회복기였다. 그러나 새로운 세기는 급진화가 확산되고 저항이 부활하는 시기다.

저항의 형태는 다양하다. 즉, 대규모 시위나 국제 회의 — 시애틀, 제노바, 포르투 알레그레, 피렌체, 뭄바이 등 — 와 함께 진행되는 국제 반자본주의 운동, 2003년 2월 15일 이라크 전쟁 반대 전 세계 시위 같은 국제 반전 운동, 프랑스의 1995년 노동자 파업과 2005년 신

자유주의적 유럽연합 헌법 반대 투표 호소 집회, 아르헨티나와 볼리비아의 혁명 비슷한 항쟁에서 절정에 달한 라틴아메리카 노동계급 대중 투쟁, 유럽 사회민주주의의 왼쪽에서 등장한 새로운 선거 도전(영국의 리스펙트, 포르투갈의 좌파블록, 독일의 선거대안 등).

이런 투쟁 물결은 새 세대 전체를 운동으로 끌어들였고, 바라건대 이 책이 그들 가운데 가장 진지한 사람들을 노동계급과 인간의 해방에 공헌하는 진정한 마르크스주의 쪽으로 끌어당기는 데 조금이나마 기여할 수 있다면 좋겠다.

두 가지만 더 얘기하고 싶다. 세계화를 옹호하는 사람들은 세계화를 거스를 수 없는 대세로 여기지만, 오래 전에 마르크스가 설명했듯이 자본주의는 자본주의의 무덤을 파는 사람들을 만들어 낸다. 이 점에서는 자본주의 발전의 최근 단계도 결코 예외가 아니다. 자본주의는 엄청난 잠재력을 가진 국제 노동계급을 전례 없는 규모로 만들어 냈고, 특히 '제3세계'의 대도시들에 새로운 노동계급을 집중시켰다. 상파울루, 카이로, 상하이, 서울이 바로 그런 도시들이다.

마지막으로, 노동계급에 의한 사회주의 변혁이 지금처럼 절실한 적도 없었다. ≪공산당 선언≫에서 마르크스는 계급 투쟁이 "사회의 혁명적 재구성이나 투쟁하는 계급들의 공멸"로 끝날 수 있다고 썼다. 마르크스에게 이것은 탁월한 이론적 추측이었을 뿐이다. 왜냐하면 당시 마르크스가 그런 "공멸"의 구체적 형태를 예견할 수는 없었기 때문이다. 20세기는 우리에게 그런 공멸의 가능한 형태를 보여 줬다. 바로 핵전쟁이다. 21세기는 기후 변화와 지구 온난화라는 또 다른 형태를 보여 주고 있다. 1983년에 이것은 희미하게 보였을 뿐이다. 오늘날 그것은 절박한 현실이 됐고, 인류 전체를 위협하고 있다. 특히 전 세계 빈민들에게 상상할 수 없는 재앙을 안겨 주려 한다. 지구 온난화의 해결책은 이미 알려져 있을 뿐 아니라 — 화석 연료를 풍력·태양력·조력 같은 재생 에너지로 교체하고 자가용 의존도를 낮추기 위해 대중 교통을 이용하는 것 — 실행되고도 있지만, 전 세계 지배자들과 거대 기업들, 제국주의 정부들은 자본주의 경쟁 논리와 기존의 이해관계 때문에 그런 대책들을 실행하기를 거부한다. 결국 내가 보기에 그 과제는 국제 노동계급의 임무가 될 터인데, 이 책이 보여 주듯이, 국제 노동계급을 근거로 자신의 철학과 정치학 전체를 구축한 마르크스는 그들이 스스로 권력을 장악함으로써 인류를 재앙에서 구출할 수 있다고 주장했다. 우리는 이런 일이 제때 일어나도록 투쟁해야 한다.

2005년 7월
존 몰리뉴

1부
마르크스주의란 무엇인가?

서문

개인 생활에서도 우리는 어떤 사람이 자기에 대해 생각하고 말하는 것과 그의 실체와 행동을 구별한다. 하물며, 역사적 투쟁에서는 더욱더 각 정당의 말과 생각을 그들의 진정한 조직 및 이해관계와 구별해야 하고, 자신에 대한 그들의 인식과 그들의 실체를 구별해야 한다.(칼 마르크스, 《루이 보나파르트의 브뤼메르 18일》)

마르크스는 이렇게 말했다. "내가 아는 것이라곤 내가 마르크스주의자가 아니라는 것뿐이다." 1870년대에는 재치 있는 변증법적 농담이었다고 할 만한 이 말은 그 뒤에 주요한 정치적 문제로 변모했다. 마르크스가 세상을 뜨고부터 백 년 동안, 헤아릴 수 없을 만큼 다양하고 심지어 서로 대립하기까지 하는 '마르크스주의들'이 속출했다. 따라서 고인(故人)의 1백 주기를 맞이하는 지금이야말로, 난마처럼 얽힌 이 매듭을 풀어 보기에 적당한 시점인 듯하다. 즉, 마르크스주의를 자처하는 주장들의 심사 기준을 확립함으로써 "진정한 마르크스주의 전통이란 무엇인가?" 하는 물음에 답해 볼 만한 때인 것이다. 하지만 그에 앞서 어떤 점들이 문제가 되는지부터 분명히 해 두기로 하자.

마르크스주의자를 자칭하는 사람들이 몇몇 쟁점들(예컨대, '이윤율 저하 경향'이나 소련의 계급적 성격)에 관해 서로 의견을 달리한다는 것만으로는 문제가 되지 않는다. 그것은 생동하는 민주적 운동에서는 대체로 있을 법한 일이다. 진짜 문제는 이 자칭 '마르크스주의자들'이 서로 잡아 가두고 죽이고 전쟁을 벌이고, 더 근본적으로는 우리 시대의 모든 대규모 사회 갈등에서 혁명 바리케이드를 사이에 두고 서로 반대편에 선다는 것이다. 1917년 플레하노프와 레닌, 1919년 카우츠키와 로자 룩셈부르크, 1936년 바르셀로나의 공산당원들과 마르크스주의통일노동자당(POUM), 1956년 헝가리, 그리고 1981년 폴란드를 생각해 보라. 바로 이 때문에 우리는 마르크스주의란 무엇인가 하는 질문을 던질 수밖에 없다.

물론 이 문제를 아예 거들떠보지도 않으려는 사람들도 있다. 그들은 '진정한' 마르크스주의를 규명하려는 것은 전혀 의미 없는 짓이라면서 마르크스주의자를 자처하는 자들에게 빠짐없이 그 자격을 인정해 준다. 한편으로 보면, 그것은 부르주아지와 그들의 천박한 이론가들 입맛에 꼭 맞는 해답이다. 모든 마르크스주의와 마르크스주의자들을 스탈린이나 폴 포트(캄보디아의 학살자)와 한데 싸잡아 비난할 수 있게 되기 때문이다. 그런가 하면, 그것은 대학에서 마르크스를 팔아 밥벌이를 하는 학자들의 입맛에도 꼭 맞는 해답이다. 왜냐하면 그 해답 덕분에 이 학자들께서 돈이 되는 '마르크스주의자들을 위한 교과서들'을 무척 많이 만들어 낼 수 있게 되며, 오스트리아 마르크스주의자에서 알튀세르주의자에 이르는 모든 사상 유파가 비빌 언덕을 찾을 수 있게 되기 때문이다.

그것은 근본적으로 관조적인 문제 해결책이다. 행동은, 특히 정치적 행동은 실천뿐 아니라 이론에서도 단호할 것을 요구한다. 세계를 해석하는 일로 밥벌이를 하는 데 그치지 않고 세계를 변혁하고자 하는 마르크스주의자들은 문제를 직시할 수밖에 없으며, 진정한 것과 거짓된 것 사이에 선을 그을 수밖에 없다.

마르크스의 저서들이 곧 마르크스주의라는 생각을 바탕으로 스승님 말씀에 얼마나 충실한가를 따져 제자됨을 평가하려는 것도 아마 그러한 선긋기 노력 가운데 하나일 성싶다. 그러나 이 또한 사변적이고 심지어 종교적이기까지 한 해결책이다. 그런 식으로 문제를 다루면 다음의 사실을 놓치게 된다. 즉, 엥겔스가 말한 대로 마르크스주의가 "교조가 아니라 행동 지침"이라면, 그것은 살아 움직이며 발전하는 이론이요 지속적 성장 능력을 지닌 이론으로서 끊임없이 변화하는 현실 — 마르크스가 살았던 시대 이래로 엄청나게 변화한 현실 — 을 분석하고 그것에 대응해야만 한다는 사실을 놓치게 되는 것이다. 이론에 그것을 확립한 사람의 이름을 붙이는 것이 역사적 관례이기는 하지만, 그렇다고 해서 이론을 완전히 무력하게 만들어 버리는 결과를 낳으면서까지 그 내용을 확립자 개인이 남긴 글들의 내용에 국한시켜도 좋은 것은 아니다. 트로츠키가 말했듯이, "마르크스주의는 뭐니 뭐니 해도 분석 방법이며, 그것도 문헌 분석이 아니라 사회 관계 분석의 방법이다."[1]

트로츠키의 이 말은 앞서 말한 문제를 해결하는 또 다른 길이 있음을 시사하는 것이다. 헝가리 출신 마르크스주의자 게오르그 루카치가 제시한 길이 바로 그 예다. 루카치는 ≪역사와 계급의식≫에서 "무엇이 정통 마르크스주의냐?" 하고 묻고서 다음과 같이 답한다.

> 정통 마르크스주의란······ 마르크스가 탐구한 결과들을 아무런 비판 없이 받아들이는 것을 뜻하는 말이 아니다. 그것은 이런저런 테제들에 대한 '믿음'이 아니며, '신성한' 책에 대한 심오한 풀이도 아니다. 오히려, 정통이란 오로지 방법만을 가리키는 말일 따름이다.[2]

이것은 앞서 말한 것들보다 훨씬 더 진지한 제안임이 분명하다. 왜냐하면 이론 발전의 필요성을 고려하고 있을 뿐 아니라 변증법적 방법이 의심할 나위 없이 마르크스주의의 핵심 요소라는 점에서 진리의 중요한 요소를 포함하고 있기 때문이다. 그러나 루카치의 제안 역시 우리가 찾는 해결책이 되지 못한다. 여기까지가 방법이고 나머지는 분석이라는 식의 엄격한 구분이 불가능한 데다가, 마르크스주의의 핵심 내용들을 방법론으로만 환원할 수 있는 것도 아니기 때문이다.[3] 루카치가 자기 견해를 뒷받침할 요량으로 제시한 예부터가 이 점을 잘 보여 준다.

논의의 편의상, 마르크스가 제시한 각 테제가 모두 오류임을 일거에 입증한 최신 연구 결과가 나왔다고 가정하자. 설사 그렇다손 처도 모름지기 진지한 '정통' 마르크스주의자라면 누구나 아무런 유보 없이 그 최신 연구 결과들을 받아들이고 그에 따라 마르크스의 테제들을 모두 폐기할 수 있을 것이다. 물론 그렇다고 해서 자신의 정통성까지 부정해야 하는 것은 아니다. 단 한 순간도 그럴 필요는 없다.[4]

진실은 정반대다. 예컨대, 만일 자본주의 발전 동역학에 대한 마르크스의 분석과는 전혀 딴판으로 자본주의가 내부 경쟁과 모순이 없는 새로운 관료제 사회로 진화한다면, 그리하여 사회주의든 야만이든 아예 싹이 노래진다면, 그럴 것으로 점친 사람들 — 막스 베버, 브루노 리찌, 제임스 번햄 — 이 옳고 마르크스주의는 명백히 오류임이 입증되는 것이다. 이 가설적 관점을 검토하고서 트로츠키가 결론지었듯이, 그 때는 "자본주의 사회의 내부 모순에 바탕을 둔 사회주의 강령이 유토피아로 끝났음을 인정할 수밖에 없을 것이다."[5]

앞의 논의는 마르크스주의를 몇몇 핵심적 분석 및 명제들과 **결합된 방법**으로 정의해야 한다고 시사하는 듯하다. 그러나 이 명쾌한 듯한 해답도 실제로는 문제 풀이를 한 걸음 뒤로 돌려놓을 따름이다. 여러 분석과 명제들 가운데 어느 것이 핵심이고 어느 것이 덜 중요한 것인가 하는 것을 가르는 기준은 무엇인가? 더욱이, 그런 해답은 자칫하면 사람들을 이론적 종파주의로 이끌 수도 있다. 즉, 마르크스주의를 '모든 것에 관한 올바른 지침'으로 정의하고는, 레닌과 당 문제를 놓고 다퉜을 때 룩셈부르크는 마르크스주의자가 아니었다거나 러시아 혁명의 부르주아적 성격을 옹호했을 때 레닌은 마르크스주의자가 아니었다는 식으로 보게 될 위험이 있는 것이다.

그렇다면, 어떻게 해야 이 악순환을 깰 수 있는가? 마르크스가 쓴 글들에서 뭔가 테제들을 뽑아내려 애쓰는 것은 올바른 순서가 아니다. 맨 먼저 할 일은 마르크스주의 이론으로써 마르크스주의를 총체적으로 검토하는 것이다.

1장
마르크스주의의 계급적 토대

마르크스는 "사회적 의식이 사회적 존재를 결정하는 것이 아니라 사회적 존재가 사회적 의식을 결정한다"[1]고 봤다. 따라서 어떤 철학이나 이론 또는 이데올로기를 이해하고 그 정체를 밝히려면, 먼저 그 토대가 되는 '사회적 존재'를 규명해야 한다.

마르크스가 종교 일반을 "참된 자아를 아직 성취하지 못했거나 그것을 이미 또 한 번 잃어버린 사람의 자의식이요 자기인식"[2]이라고 여긴 것도 바로 그러한 사고 과정의 소산이었다. 그는 "이 국가, 이 사회는 물구나무신 종교적 세계관을 낳는다. 왜냐하면 그것들[국가와 사회] 자체가 물구나무선 세계이기 때문이다"[3] 하고 지적했다. 마르크스는 또 세속의 가정이야말로 신성 가족의 비밀을 밝히는 열쇠임을 들춰냈다.[4] 엥겔스도 그와 비슷하게 초기 기독교를 "노예와 해방된 노예들의 종교······ 로마에 복속됐거나 로마 때문에 뿔뿔이 헤어진 사람들의 종교"[5]라고 분석한 바 있다.

마르크스는 《공산당 선언》에서 당대의 다양한 '사회주의' 조류들의 본질을 각 조류가 어느 계급의 이익을 대표하는가 하는 것을 잣대 삼아 밝히면서 차례로 봉건적 사회주의니, 쁘띠부르주아 사회주의니, 부르주아 사회주의니 하는 꼬리표를 붙였다. 그리고 그 뒤에는 트로츠키가, 파시즘과 파시스트 운동을 이해하는 열쇠는 자본과 노동 사이에 끼어 콩가루가 될 지경이었던 쁘띠부르주아 계급의 처지에서 찾아야 한다고 지적한 바 있다. 이런 예는 얼마든지 더 들 수 있다. 그런데, 정작 중요한 것은 앞서 말한 분석 방법이 마르크스주의 자체에도 적용돼야 한다는 것이다. 그리고 마르크스와 엥겔스가 그 절차를 거쳤음은 두말할 나위도 없다.

엥겔스의 《반뒤링론》은 다음과 같은 단정으로 시작한다. "근대 사회주의는 그 내용으로 보건대 주로, 한편으로는 근대 사회를 풍미하는 가진 자와 못 가진 자, 다시 말해서 자본가들과 임금노동자들 사이의 적대에 대한 인식의 산물이요, 다른 한편으로는 생산을 지배하는 무질서에 대한 인식의 산물이다."[6] 여기에다 마르크스주의는 프롤레타리아, 곧 노동계급의 처지에서 그러한 모순들을 인식하는 것이라는 점을 덧붙이면 엥겔스의 표현은 완벽해진다. 마르크스가 《철학의 빈곤》에서 지적했듯이, "경제학자들이 부르주아 계급의 과학을 대표하는 자들인 것과 꼭 마찬가지로, 사회주의자와 공산주의자들은 프롤레타리아 계급의 이론가들이다."[7] 《공산당 선언》에는 다음과 같은 구절이 나온다. "공산주의자들이 내린 이론적 결론들 가운데서 불편부당한 개혁가를 자처하는 어중이떠중이들이 고안하거나 발견한 개념이나 원리들에 바탕을 둔 것은 단 하나도 없다. 그것들은 오직 현실의 계급투쟁, 즉 지금 우리 눈앞에서 진행되는 역사 운동의 산물인 실제 관계들을 일반 용어들로 표현할 따름이다."[8]

또, 같은 ≪공산당 선언≫에는 다음과 같은 아주 중요한 구절도 나온다.

> 공산당은 오직 다음의 점에서만 다른 노동계급 정당들과 구별된다. 1) 각국 프롤레타리아가 벌이는 나라 안 투쟁들에서 전 세계 공산당들은 국적을 불문하고 전체 프롤레타리아의 공동 이익을 밝히고 그것을 앞세운다. 2) 부르주아지에 맞서 노동계급이 벌이는 투쟁이 거쳐야 하는 각각의 발전 단계에서 전 세계 공산당들은 언제 어디서나 전체 운동의 이익을 대변한다.[9]

이로써 마르크스주의는 노동계급의 이론이라는 정의에 힘과 살이 붙게 된다. 앞의 인용문은, 국적을(그리고 오늘날에는 인종이나 성도) 불문하고 어느 한 부문이 아닌 노동계급 전체의 이익을 천명하는 것을 분명히 하고 있다. 따라서 그것은 특정한 나라나 지역 또는 직능 집단들의 일시적 이익을 위해 계급 전체의 이익을 희생해야 한다는 사고방식에 바탕을 두고 있는 기회주의의 본질 규명과 비판의 출발점 노릇을 한다.

우리가 제시한 것은 사회적 정의일 뿐 아니라 역사적 정의이기도 하다. 그 정의는 마르크스주의가 왜 역사상의 특정한 시점에서 발생했는지도 설명해 준다. 착취와 억압은 몇천 년이나 있어 왔고, 자본주의는 몇백 년이나 초보적 형태에 머물러 있었다. 그러나 자본주의가 생산력을 발전시키고 그와 함께 프롤레타리아도 성장해 자본주의를 타도할 만한 그들의 잠재력이 인지될 수 있고 나서야 비로소 마르크스주의는 출현할 수 있었다. 1843년 말에 파리의 혁명적 노동자 서클들과 접촉하고서야 비로소 마르크스가 마르크스주의에 도달할 수 있었음을 우리는 기억해야 한다. 마르크스가 "철저하게 속박당한 계급의 형성"을 발견하고 프롤레타리아에 대한 지지를 처음으로 선포한 것도 바로 그 때였다. 당시에 그가 쓴 글을 보면, 프롤레타리아가 "기존 세계 질서에 사망 선고를 내렸을" 때 "그들은 다만 그들 자신의 존재의 비밀을 선포했을 따름이다. 왜냐하면 그들은 실로 기존 질서의 죽음을 뜻하는 존재이기 때문이다"[10] 하는 구절이 나온다.

마르크스주의의 기원에 대한 이러한 관점은, 카우츠키가 주창하고 레닌이 ≪무엇을 할 것인가?≫에서 사회주의는 "밖으로부터" 노동계급에 도입돼야 한다는 주장의 일부로서 개진한 관점과는 영 다르다. 카우츠키는 "사회주의와 계급투쟁은 나란히 발생하는 것이지, 하나가 다른 하나로부터 생겨나는 것은 아니며······과학을 전파하는 것은 프롤레타리아가 아니라 부르주아 인텔리겐챠"[11]라고 했으며, 레닌은 "러시아에서는 사회민주주의의 이론적 원리가 노동계급 운동의 자생적 성장과는 전혀 무관하게 생겨났다. 그것은 혁명적 사회주의 지식인 내부에서 이뤄진 사상 발전의 자연스럽고도 필연적인 산물로서 발생했다"[12]고 주장했다. 나는 다른 글[13]에서 이러한 관점을 반박하고 그것이 빚은 좋지 못한 결과들을 보이는 한편 레닌은 1905년에 혁명적 노동계급을 만나기 전까지만 그런 성향을 보였을 뿐이라는 사실을 밝힌 바 있다. 따라서 여기서는 카우츠키와 레닌이 공유했던 이론이 마르크스가 ≪포이에르바흐에 관한 테제≫에서 비판한 관조적 유물론의 표본이라는 것, 또 마르크스 자신이 ≪공산당 선언≫에서 사회주의적 지식인의 구실을 설명해 놓았다는 것만 지적해도 좋을 듯하다. 지배계급의 일부, "특히 역사 운동 전체를 이론적으로 이해할 만한 경지에 오른 부르주아 사상가들 가운데 일부는" 표류하다가 "프롤레타리아 진영에 가담한다."[14] 이때, 존재하지도 않고 전투에서 아직 모습을 선보이지도 않은 계급한테는 '가담'할 수 없으리라는 것은 두말할 나위도 없다. 카우츠키와 레닌이 사색에 잠겨 있던 시절의 러시아 노동계급이 꼭 그러했다.

마지막으로, 마르크스주의의 계급적 토대를 검토할 때는 그것이 자본주의에 대한 프롤레타리아의 저항과 투쟁에 관한 이론인 것만은 아니라는 점을 강조할 필요가 있다. 마르크스주의는 또한, 그리고 무엇보다도 프롤레타리아의 승리에 관한 이론이다. 이 점은 마르크스 자신이 밝힌 바다. 그는 계급과 계급투쟁의 발견자라는 사람들의 칭찬을 사절하면서 이렇게 말했다.

> 나보다 훨씬 전에 부르주아 역사가들이 이러한 계급투쟁의 역사적 발전에 대해 서술했고, 부르주아 경제학자들은 여러 계급을 경제적으로 분석해 놓았다. 내가 새롭게 한 일은 다음의 사실들을 증명했

다는 것이다. 1) 계급들의 존재는 특정한 역사 발전 단계와 조응한다는 것. 2) 계급투쟁은 반드시 프롤레타리아 독재로 귀결된다는 것. 3) 이 독재는 모든 계급을 폐지하고 계급 없는 사회로 이행하는 과도기에만 존재하리라는 것.[15]

레닌도 ≪국가와 혁명≫에서 같은 생각을 훨씬 더 힘주어 강조한 바 있다. 그는 "계급투쟁에 대한 인식을 프롤레타리아 독재에 대한 인식으로까지 확장시킬 수 있는 사람만이 진짜 마르크스주의자다. …… 그것이야말로 마르크스주의를 올바로 이해하고 인식하는가 하는 것을 평가하는 시금석이다"[16] 하고 주장했다. 레닌의 단정은 누구보다도 카우츠키를 직접 겨냥한 것이었다. 카우츠키는 몇십 년이나 마르크스주의 정설의 심판관 행세를 하고서도 정작 러시아에서 실제로 일어난 노동자 혁명에는 등을 돌린 위인이었다. 그런데, 그것은 과연 한때의 과거사였을 뿐일까? 마르크스주의를 사회를 해석하는 방법으로나 여겨 그것에 '관심을 보이고' 그것을 옹호하기까지 하는 식자(識者)들이 노동자 권력을 쟁취하려는 투쟁에 대한 이론에는 통 관심이 없고 하물며 그 실천에 대해서는 더 말할 필요도 없는 오늘, 카우츠키의 처신은 여전히 시사하는 바가 크다 하겠다.

따라서 지금까지 프롤레타리아의 이론으로서 마르크스주의를 분석한 결과 우리는 마르크스주의가 세 가지 요소를 갖고 있는 것임을 알 수 있다. 첫째, 마르크스주의는 국제 노동계급의 공동 이익에 관한 이론이다. 둘째, 마르크스주의는 근대 프롤레타리아가 탄생하고 그들이 자본주의에 맞서 투쟁을 전개한 결과이다. 셋째, 마르크스주의는 프롤레타리아 계급이 승리를 얻게 하는 이론이다. 이러한 요소들을 가장 간결하게 요약해서 정의를 내리면 마르크스주의는 **국제 프롤레타리아 혁명의 이론**이라 할 수 있다.

2장
마르크스주의의 과학성

마르크스주의의 계급성과 과학성은 양립할 수 없다고 주장하는 사람이 많다. 그들의 관점은 둘로 나뉜다. 첫째, 마르크스주의는 특정한 사회 집단을 기반으로 한 것이므로 과학이 될 자격이 없다고 보는 것이다. 이 관점을 지지하는 사람들의 선봉장은 사회학자 칼 만하임이다.[1] 한편, 마르크스주의는 과학이므로 프롤레타리아의 견지에서 도출될 수 없다고 주장하는 사람들도 있다. 이 진영의 우두머리는 알튀세르다. 그가 보기에는, 마르크스주의를 프롤레타리아의 세계관이라고 규정하는 것은 그것을 '이데올로기의 수준'으로 끌어내리는 처사였다. 앞의 주장들은 두 가지 오해의 산물이다. 자연과학의 성격에 대한 오해가 그 하나요, 다른 하나는 자연과학과 사회과학의 관계에 대한 오해다.

사람들은 흔히 자연과학이 정확하고 '객관적'이며 사회의 영향을 받지 않는 지식을 제공한다고 여기며, 바로 그래서 자연과학이야말로 '객관적인' 사회과학의 본보기가 된다고 주장한다. 그러나 실은 자연과학을 그렇게 보는 것부터가 사회적 산물인 것이다. 이 과학관의 출발점은 봉건제에 맞서는 투쟁과 근대 공장제 수공업의 발달에 필요했던, 과학과 부르주아지의 동맹이었다. 자본주의 운동법칙들이 자연스럽고 영원한 것인 양 설파했던 부르주아지는, 과학이 성취한 것들 또한 절대적 진리인 양 묘사했다. 그러나, 과학의 역사가 말해 주듯이, 과학을 이루는 것은 점점 늘어나는 현실의 필요들에 자극받아 생겨나, 특정한 과제를 수행할 수 있게 함으로써 실천에서 그 진리성을 입증하게 되는 잠정적·상대적 진리들이다.[2] 따라서 자연과학은 절대적인 것이 아니라 역사적·가변적인 것이다.

물론 사회과학도 그와 똑같은 한계를 안고 있다. 하지만 자연과학과 사회과학 사이에는 근본적인 차이점 또한 존재한다. 즉, 자연과학은 사회과학이 누리지 못하는 객관성[3]을 지니고 있다. 그 주된 까닭은 두 가지다.

첫째, 지식은 언제나 인식하는 자와 인식 대상, 다시 말해서 주체와 객체의 관계에서 성립한다. 자연과학의 경우, 인식 대상 곧 자연은 인간의 외부에 존재한다. 그러나 사회는 곧 인간들이요 인간 관계들의 총체다.[4] 자연과 자연법칙은 인간의 창조물이 아니다. 하지만 사회와 사회법칙은 그러하다. 인간은 불변의 자연법칙에 따라야만 자연을 변화시킬 수 있다. 그러나 사회법칙은 변경이 가능하다.

그러므로 인간은 자연법칙에 대해서는 대체로 누구나 똑같은 관계를 맺는 반면에, 사회법칙에 대해서는 서로가 아주 다른 관계들을 맺게 된다. 예컨대, 피사의 사탑에서 떨어진 노동자와 자본가는 중력 법칙 때문에 똑같은 속도로 땅에 부딪혀 똑같은 결과를 맞는다. 하지만 가치법칙은 노동자와 자본가에게 서로 다른 결과를 초래한다. 즉, 전자에게는 빈곤을, 후자에게는 부를 선사하는 것이다. 따라서 '부르주아' 자연과학에 대항하는 '프롤레타리아' 자연과학 어쩌고 하는 것은 스탈린주의자들의 허튼소리일 뿐이다.[5] 그 반면에 "임금노예제 사회에서 (사회)과학이 불편부당(不偏不黨)하기를 바라는 것은 자본의 이윤을 줄여 노동자의 임금을 올려야 하느냐 하는 문제에 직면한 사용자가 공정한 태도를 취하기를 기대하는 것만큼이나 어리석고 철없는 생각이다."[6]

둘째 이유로 넘어가자. 지식의 목적은 현실을 변화시키는 것을 돕는 데 있다. 자연과학이나 사회과학이나 그 점에서는 마찬가지다. 부르주아지는 자연계를 변화시키는 일에 관심을 가진다. 더 정확히 말하면, 그들은 자연계를 끊임없이 변화시키지 않을 수 없다. 그래야 자본을 축적할 수 있기 때문이다. 따라서 부르주아지에게는 자연과학이 필요하다. 한편, 사회에 관한 한 부르주아지의 이해관계는 주로 변화가 아니고 현상 유지다. 그런 그들에게 가장 필요한 것은 사회에 관한 지식이 아니다. 그들이 요구하는 것은 사회적 변론술(辯論術), 곧 이데올로기다.[7]

따라서 부르주아지에게 사회과학으로 통하는 것은 대부분 과학과는 거리가 멀어도 한참 멀다. 하기야 부르주아지가 보기에도 자기네 사회과학은 실용적이지 못하다. 그것은 오직 정당화·신비화일 뿐이다. 경제학에서 말하는 가치의 한계효용 이론이라든지 정치학에서 말하는 다원주의적 권력 이론 같은 것이 그 좋은 예다. 물론 부르주아지도 자본주의 생산양식이라는 틀을 벗어나지 않는 범위 안에서는 사회를 변화시킬 필요가 있고, 그래서 그네의 사회과학이 비록 얼마 안 되나마 참지식을 산출하는 것도 사실이다. 자본주의에 불리하게 쓰일 수도 있는 지식을 말이다. 하지만 사회 전체를 바로 보지 못하게 막는 이론 체계가 늘 그런 지식에 한계를 지우고 속박하고 곡해하기 마련이다. 사회를 총체적으로 이해하는 것이 이익이 되고 또 그럴 능력까지 있는 계급은 오직 하나, 사회를 총체적으로 변혁하는 것이 이익이 되고 그럴 능력도 있는 프롤레타리아뿐이다. 마르크스가 말했듯이, "특정한 시대에 혁명적 사상이 출현하려면, 혁명적 계급이 먼저 존재해야 한다."[8]

따라서 마르크스주의의 계급적 토대는 결코 그것의 과학성에 누를 끼치는 것이 아니다. 오히려 바로 그 토대 덕분에 마르크스주의가 과학일 수 있는 것이다.

이에 대해 그것은 마르크스주의의 적용 범위를 부당하게 좁히고 한정하는 단견이라고 비판하는 사람들도 있다. 언뜻 보기에 진일보한 듯도 하지만, 실은 앞에서 검토한 주장들과 같은 맥락에 속하는 반론이다. 그 주인공은 노년기의 루카치이다. 1924년에 그가 내놓은 레닌 연구서는 "역사유물론은 프롤레타리아 혁명론이다"[9] 하는 선언으로 시작된다. 그러나 1967년에 붙인 후기에서 그는 앞의 견해가 "당대의 편견"의 산물이었다는 이유를 들어 그것을 폐기하고, "그러한 개념 규정으로 역사유물론에서 가장 소중한 방법론적 재산 — 사회적 보편성 — 을 한 영역에 가두고 옥죄는"[10] 시도에 대해 이의를 제기했다.

이것은 틀린 반론이다. 왜냐하면 마르크스주의가 계급 이론이라고 해서 꼭 프롤레타리아 투쟁이나 자본주의 사회만 분석해야 하는 것은 결코 아니기 때문이다.(물론 그것이 핵심 과제이기는 하지만 말이다.) 마르크스주의는 **프롤레타리아의 견지에서** 현재까지의 인류 역사 전체를 얼마든지 분석해 낼 수 있다. 엥겔스가 쓴 <원숭이가 인간으로 진화하는 과정에서 노동이 한 역할>이라는 글을 보라. 이 논문에 담긴 중심 사상은, 노동이 "인간 존재의 으뜸가는 기본 조건이며…… 어찌 보면…… 노동이 인간 자신을 창조했다"[11]는 것이다. 근대 노동계급의 노동에 대한 지식만 가지고서도 엥겔스는 충분히 이러한 결론에 이를 수 있었다.[12] 마르크스와 엥겔스가 인류학 연구에 착수하기 전에, 그리고 다윈의 진화론이 출현하기도 전에 씌어진 ≪1844년 경제학·철학 초고≫와 ≪독일 이데올로기≫ 안에 이미 그러한 사상의 싹이 존재한다[13]는 사실에서 이 점은 쉽게 확인된다.

더욱이, 엥겔스는 앞의 명제로부터 도출되는 정치적 결론도 같은 논문 안에 잊지 않고 제시해 놓았다. 그 내용인즉, "현존하는 생산양식에 철저한 혁명"이 필요하다는 것이었다.[14] 루카치가 요구한 '사회적 보편성'을 마르크스주의는 갖추고 있다. 그 이유는 다른 데 있지 않다. 바로 프롤레타리아, 곧 보편성을 갖춘 계급의 이해관계에 근거하고 있기 때문이다. 프롤레타리아는 보편성을 구현하는 계급이다.

한편으로는 인류 전체에 해방과 미래를 가져다준다는 점에서 그렇고, 다른 한편으로는 자기를 지배할 계급도 자기가 착취할 계급도 필요하지 않기에 인류가 온전히 하나가 될 수 있도록 한다는 점에서 그렇다. 루카치의 반론은 그가 마르크스주의를 더 넓고 깊게 보게 됐음을 뜻하는 것이 아니다. 그것은 오직, 스탈린주의에 물든 그가 혁명적 계급의 눈으로 세상 보기를 포기했음을 뜻할 따름이다.

3장
실천에서 이론으로

　마르크스주의는 프롤레타리아 혁명을 이론으로 표현한 것이고 바로 이런 점이 마르크스주의의 정수다 하는 주장을 마무르려면 프롤레타리아의 존재 조건과 투쟁(프롤레타리아가 하는 사회적 실천)에서 프롤레타리아가 부딪히는 과제들이 마르크스주의 이론의 주된 가설들과 어떤 연관을 맺고 있는가 하는 것을 보여 줄 필요가 있다. 그러나 이 짤막한 책에서는 그러한 작업을 체계 있고 엄밀하게 할 수가 없기 때문에 여기서는 그러한 연관들 가운데서 가장 중요한 연관들만을 간추려서 살펴보겠다.

　우선, 마르크스주의의 정치 원칙과 강령이라 할 수 있는 것들부터 살펴보기로 하자. 첫째, 국제주의다. 의심할 나위 없이 국제주의는 마르크스 사상에서 핵심 구실을 했지만, 그렇다고 해서 국제주의가 추상적 도덕론(실제로는 부르주아 자유주의)에 바탕을 두고 "인민들의 국제적 우애"[1]를 실천한다는 생각에서 나온 것은 결코 아니다. 오히려 국제주의는 자본주의 세계시장이 창출한 프롤레타리아가 세계 자본주의에 맞서서 국제적 투쟁을 벌이는 국제적 계급으로서 존재한다는 것에 근거하고 있다.

≪공산당 선언≫에는 이런 얘기가 나온다. "노동자에게는 조국이 없다." 그리고 "부르주아지의 발전, 상업의 자유, 세계시장, 생산양식의 동일함, 그에 따른 생활조건들 때문에 민족적 차이와 인민들 사이의 적대는 나날이 사라져 가고 있다." 이런 주장들은 민족주의 이데올로기가 프롤레타리아를 계속 사로잡고 있다는 점에 비추어 과장된 얘기이거나 명백한 오류라는 비판을 받곤 했다. 그러나 그것은 두 가지 점에서 여전히 참이다. 첫째, 기정 사실이라기보다는 경향을 얘기한 것이라는 점에서 참이고 둘째, 프롤레타리아에 대한 얘기를 다른 사회계급과 비교해서 한 것이라는 점에서 참이다. 예컨대, 일본·브라질·영국의 생산양식(과 문화)은 백 년 전에 비해 훨씬 더 많은 공통점을 갖고 있다. 농민과 관련해서는 국제적 의식이나 조직에 대해 말조차 할 수 없었다. 부르주아지가 세계경제를 만들어 내고 산더미같이 많은 국제 조직들을 갖고 있긴 하지만, 그래 봤자 부르주아지의 국제주의는 프롤레타리아의 국제적 잠재력보다 질적으로 떨어진다. 부르주아지의 국제주의는 기껏해야 경쟁하는 국제 블록에 맞서는 국제 블록이나 동맹의 수준을 넘지 못하며 그러한 동맹조차 국가 간 적대 때문에 끊임없이 깨진다.

마르크스주의의 국제주의가 가진 기본 특징은, 앞에서 지적한 대로, 전체(세계 노동계급의 이익)가 부분보다 우위에 있다는 것이다.

이것을 좀 더 구체적으로 얘기해 보자. 자기 고향을 떠난 적이 결코 없고 할 줄 아는 말은 자기 모국어밖에 없지만 그래도 전쟁이 터지면 '자기 나라' 정부에 반대하는 혁명적 노동자가, 아는 것도 많고 세계를 두루 돌아다녀 보고 6개 국어를 할 줄 알고 여러 문화에 대해 골고루 알지만 막상 전쟁이 터지면 자기 나라 정부를 지지하는 교수보다 훨씬 더 국제주의자다. 원래 하던 얘기로 돌아가면, 전체가 부분보다 우위에 있기 때문에 마르크스주의의 국제주의는 민족자결권 인정과 민족해방투쟁 지지와 서로 모순되지 않는다. 국제적 계급의 이익이 그것을 요구한다면 말이다.[2]

둘째, 생산수단을 국가가 소유한다는 원칙을 살펴보자. 많은 사람들이(특히 부르주아지가 그리고 마르크스주의자 연(然)하는 많은 사람들까지도) 이것을 대체로 마르크스주의와 사회주의의 근본 원칙이라고 생각해 왔다. 대체로 이러한 생각을 갖는 사람들이 사회주의자들일 때는, 그들은 다음과 같이 생각한다. 사적 소유와 동기이라 할 수 있는 자본주의는 비합리적이고 정의롭지 못한 탓에 경제 위기, 가난, 전쟁 들을 낳는다. 생산을 국가가 소유하고 경제를 국가가 계획한다면 사회는 좀 더 나아지고 좀 더 합리적인 체제가 될 터이고 이러한 악들도 깡그리 없어질 것이다. 그리하여 그들은 프롤레타리아 투쟁을 이러한 목표를 달성할 수 있는 수단으로 여긴다. 이러한 목적을 달성할 수 있는 또 다른 수단이 떠오르더라도, 예컨대 게릴라전이나 의회 입법을 그러한 목적을 달성할 수 있는 수단으로 삼더라도 결과는 똑같을 것이다.

마르크스주의자들은 이와는 아주 다르게 생각한다. 프롤레타리아는 자신을 착취하고 억압하는 부르주아지에 맞서는 계급투쟁을 벌인다. 프롤레타리아가 계급 전투에서 이길 수 있는 유일한 길은 부르주아지를 정치적으로 물리치고 생산수단을 손에 넣는 것이다. 그런데 프롤레타리아는 이러한 일을 자신의 국가를 세움으로써만 할 수 있다. ≪공산당 선언≫에서는 그 문제를 바로 다음과 같이 제기하고 있다.

> 위에서 보았듯이, 노동계급 혁명에서 첫 번째로 해야 할 일은 프롤레타리아를 지배계급 자리에 앉히고 민주주의 전투에서 이기는 것이다. 프롤레타리아는 자신의 정치적 지배권을 이용해 부르주아지한테서 모든 자본을 차츰차츰 빼앗고 모든 생산수단을 국가, 곧 지배계급으로서 조직된 프롤레타리아의 손아귀에 한데 모으고 모든 생산력을 될 수 있는 대로 빨리 늘릴 것이다.

국가사회주의자들은 국유화를 목적으로 보고 노동계급을 수단으로 본다. 그러나 마르크스주의는 계급 해방을 목적으로 보고 국유화를 수단으로 본다. 이러한 차이 — 핼 드레이퍼는 이것을 가리켜 '사회주의의 두 가지 정신'이라 했다 — 는 지난 백 년 동안 무척이나 중요했던 터라 여기서는 이것을 거듭 다시 살펴볼 것이다.

계급 없는 사회라는 마르크스주의의 궁극 목표가 아주 오랫동안 인간이 지녀 온 염원임은 물론이다. 마르크스주의를 돋보이게 하는 것은 마르크스주의가 "사회에서 자신이 놓인 처지 때문에 모든 계급지배, 모든 예속과 모든 착취를 없애야만 자신을 해방시킬 수 있는 계급",³ 곧 프롤레타리아의 발전에서 계급 없는 사회를 현실적 가능성으로서 끌어내고 있다는 것이다. ≪공산당 선언≫을 다시 인용해 보자.

이전의 지배계급은 모두 사회를 대체로 자기들의 잉여 전유 조건들에 종속시킴으로써 자기들의 기존 지위를 강화하려 했다. 프롤레타리아는 자기 자신의 이전 전유양식과 이전의 다른 모든 전유양식까지도 없애야만 사회의 생산력을 지배할 수 있다. 프롤레타리아는 지키고 강화할 것이 아무것도 없다. 프롤레타리아의 임무는 개인 재산의 이전 안전장치와 보호장치를 모두 파괴하는 것이다.

이론의 측면에서, 자본주의에서 공산주의로 이행하는 것 — 프롤레타리아 독재 — 은 고작(!)(이미 지적한 대로) 승리하는 시점까지 프롤레타리아 계급투쟁을 연장하는 것에 지나지 않는 것으로 여겨졌다. 그러나 프롤레타리아 독재의 특수한 형태는 마르크스나 다른 마르크스주의 이론가가 발견한 게 아니라 혁명적 노동자들이 스스로 발견한 것이었다. 첫 번째로는, 1871년 파리 코뮌에서 파리 노동자들이 발견했다. 그들은 기존 국가장치를 인수하는 것이 아니라 그것을 파괴할 필요가 있음을 보여 줬고 그들의 행동은 노동자 민주주의의 으뜸 원칙들 — 모든 관리의 급료를 노동자 임금 수준에서 지급하기,

모든 대표의 선출과 소환, 상비군을 무장한 노동자로 대체하기 등 — 을 보여 주는 것이었다. 두 번째로는 페트로그라드(그리고 러시아의 모든) 노동자들이 발견했다. 그들은 노동자 권력을 나타내기에 안성맞춤인 조직 형태 — 소비에트, 즉 노동자평의회 — 를 만들어 냈다. 지적하고 넘어가야 할 것은, 소비에트가 지리적 영역 속에 살고 있는 개별 시민으로서 노동자에 기반을 두고 있는 게 아니라 생산단위인 작업장 속의 집단의 일부로서 노동자에 기반을 두고 있고, 소비에트가 자본주의 체제 안에서 자본주의에 대항하는 노동자 투쟁에서 자연스럽게 발전해 나온다는 것이 소비에트의 커다란 이점이라는 것이다. 소비에트의 역사적 출발점은 확대 파업위원회였다. 또한 지적해야 할 것은, 이 문제에 관한 마르크스주의 이론(마르크스의 ≪프랑스 내전≫, 레닌의 ≪국가와 혁명≫, 그람시가 <신질서>에 쓴 기사들)은 계급의 가장 선진적인 경험을 직접 일반화한 것이라는 점이다.

이제 마르크스주의 강령에 대한 얘기에서 마르크스주의의 이론 토대들 — 유물론적 역사관과 자본주의에 대한 비판적 분석 — 에 대한 얘기로 넘어가야겠다.

역사유물론의 기초는 무엇인가? 우리는 분석적으로(역사유물론의 개념들과 명제들을 살펴봄으로써) 또는 역사적으로(마르크스의 저작들에서 역사유물론의 생성과 발전을 추적함으로써) 이 문제를 다룰 수 있다. 이 방식들 가운데 분석적 방식이 더 중요하다. 왜냐하면 어떤 이론의 역사적 발생은 온갖 우연적 요인들과 우회를 포함하고 있기 때문이다.

유물론 대 관념론의 문제부터 얘기하겠다.

관념론 — 정신('영혼', '이상', '신' 등)이 물질에 대해 우위를 갖는다는 믿음 — 과 관념론적 역사관(역사는 사상이나 의식 등의 전개에 따라 결정된다) 자체는 물질적 토대를 갖고 있다. 그것은 정신노동과 육체노동의 분리에 있고 육체노동에서 자유로운, 그러니까 다른 사람의 노동으로 살아가는 지배계급의 출현에 있다.

분업은 정신노동과 육체노동의 분리가 나타나는 때부터 비로소 진정한 분업이 된다(최초 형태의 이데올로기 전문가인 사제는 그에 상응해 나타나는 집단이다). 이때부터 내내 의식은 기존 실천에 대한 의식과 관계 없는 것이고 실제의 것을 나타내지 않으면서도 진정으로 무엇인가를 나타낸다고 생각될 수 있다. 이제 의식은 세계에서 해방돼 '순수' 이론, 신학, 철학, 윤리학 등의 형성으로 나아갈 수 있는 지위에 있게 된다.[4]

이와는 대조적으로, 유물론은 자신의 해방을 위해 투쟁하는 생산계급의 '자연스런' 이론이다.[5] 그러나 역사유물론을 유물론과 동일시할 수 없음은 물론이다. 유물론은 마르크스주의보다 2천 년 이상 앞서 등장했고 18세기에 유물론은 당시에 등장하던 부르주아지의 세계관이었다. 마르크스주의 유물론을 이러한 부르주아 유물론과 구별하게 하는 것은 무엇인가? 마르크스는 그것을 다음과 같이 얘기했다.

기존의 모든 유물론(포이에르바흐의 유물론을 포함해)의 주된 결함은 사물, 실재, 감성을 감성적 인간 활동이라고 생각하지 않고, 그러니까 주체적으로 생각하지 않고 관조 대상이라는 형식으로서만 생각했다는 것이다.[6]

다른 말로 하면, 부르주아 유물론은 기계적이다. 부르주아 유물론은 인간 존재를 수동적인 존재로, 그러니까 그저 물질적 상황의 산물이나 결과로, 즉 객체로 다룬다. 그래서 부르주아 유물론은 자본주의 사회에서 사람들의 실제 지위를 반영하고 있다. 노동자는 기계의 부속품처럼 돼 버렸고, 노동은 다른 생산요소(기계, 토지 등)와 마찬가지의 생산요소로 취급받고, 산 노동은 죽은 노동에 예속되고 죽은 노동의 '일부'처럼 돼 있는 현실 말이다. 그러나 기계적 유물론은 완전히 일관될 수 없다. 일관되게 되면 부르주아 유물론은 완전한 결정론이자 숙명론이 될 것이고 그리하여 이것에 근거해서는 세계에서 행동할 수 없다. 그래서 부르주아 유물론은 엘리트의 '지식', '과학', '의지' 따위의 역할에 대해 역설하면서 관념론이 뒷문으로 다시 들어오게 하는 거의 은폐된 면죄 조항을 언제나 갖고 있다.

상황 변화와 교육과 관련해 부르주아 유물론의 교의는 인간이 상황을 변화시키고 교육자 자신이 반드시 교육받을 필요가 있다는 것을 잊고 있다. 그래서 이런 교의는 사회를 두 부분으로 나누고 어느 한 부분이 사회 위에 군림한다고 볼 것임에 틀림없다.[7]

마르크스는 실천이라는 개념을 통해서 이러한 모순을 극복했다. "상황 변화와 인간 활동 즉 인간 자기 변화의 일치는 혁명적 실천이라고만 생각해야 하고 그래야만 합리적으로 이해할 수 있다."[8] 이러한 실천 개념의 본보기는 인간 노동이다. 인간 노동은 인류가 자연을 변형시키고 적합하게 하고 자신을 창조하는 수단이다. 마르크스에 따르면, 헤겔의 두드러진 업적은 "…… 첫째, 헤겔이 인간의 자기 창조를 과정으로서 이해하고 있고…… 그래서 그는 **노동의 본질을** 이해하고 있고 객관적 인간(현실의 인간이기 때문에 진정한 인간이다)을 인간 **자신의** 노동이 낳은 결과라고 본다는 것이다."[9]

그러나, 마르크스는 계속해서 이렇게 쓰고 있다. "헤겔이 이해하고 인정하는 노동은 **추상적 정신노동이다.**"[10] 마르크스는 헤겔을 뛰어넘어 그를 물구나무세우고 구체적 실천 활동으로서의 노동을 인간과 역사의 기초라고 인정할 수 있었다.("이 단순한 사실은 지금까지 이데올로기의 과잉 성장 때문에 은폐돼 왔다."[11]) 왜냐하면 사회를 변혁시키고 사회의 주인이 될 수 있는 최초의 직접 생산자 계급인 프롤레타리아가 그보다 먼저 탄생했기 때문이다. 노동의 역할에 대한, 그러니까 생산에 대한 이러한 개념이 마르크스주의 역사 이론의 방법론적·경험적 출발점을 이루고 있다. 그것으로부터 '생산력'·'생산관계', '생산양식'이라는 개념들이 발전했다. 그리고 이 개념들은 사회혁명 이론의 핵심 개념들이 된다.

인간은 자기 삶을 사회적으로 생산하는 과정에서 반드시 필요하고 자기 의지와 무관한 특정 관계, 그러니까 자신의 물질적 생산력 발전의 특정 단계에 상응하는 생산관계를 맺게 된다. 이러한 생산관계의 총체가 사회의 진정한 토대인 경제구조를 이룬다. 그리고 그 위에 법적·정치적 상부구조가 등장하고 그에 상응해 특정 형태의 사회적 의식이 나타난다. …… 사회의 물질적 생산력은 특정 발전 단계에서 기존 생산관계 또는 지금까지 작용해 온 소유관계 — 생산관계의 법률적 표현일 뿐인 — 와 충돌한다. 생산관계는 생산력 발전의 형태였던 것에서 생산력의 족쇄로 바뀐다. 그 때 사회혁명의 시기가 시작된다.[12]

이제 중요한 혼란 하나를 말끔히 씻어 내야겠다. 역사유물론은 생산력과 생산관계의 변증법이 생산('력')의 기술적 도구들과, 인간 활동과 무관하게 작용하는 재산 소유('관계') 체제 사이의 적대라고만 해석돼 결국 기술결정론에 도달하는 기계적 유물론으로 왜곡되는 일이 잦았다. 이러한 해석에서 마르크스의 두 가지 핵심 개념의 의미는 축소된다. 마르크스는 생산력이 연장, 기계 등의 의미에서 도구를 뜻할 뿐 아니라 노동계급의 생산활동을 포함해 사회 전체의 생산 능력을 뜻한다고 봤다. "모든 생산도구들 중에서 가장 커다란 생산력은 혁명적 계급 자체다."[13] 다른 한편으로, 재산 소유는 "생산관계의 법률적 표현일 뿐"이다. 따라서 생산력과 생산관계 사이의 모순은 계급투쟁과 동떨어진 것이 아니라 계급투쟁이 일어나는 토대다.

역사유물론은 프롤레타리아의 처지에서 본 역사라는 이러한 이론적 증명은 이미 지적한 대로 어떻게 마르크스가 역사유물론을 발전시키게 됐는가 하는 것보다 더 중요하다. 그러나, 사실, 역사적으로 역사유물론이 태어나는 과정과 역사유물론의 논리가 발전하는 과정은 거의 나란히 전개됐다. 처음으로 역사유물론을 포괄적으로 서술한 것은 1845년의 ≪독일 이데올로기≫였다. 이 저작은 두 개의 주요한 저작, 그러니까 ≪1844년 경제학·철학 초고≫와 ≪헤겔 법철학 비판 서문≫이 나온 뒤에 곧바로 나왔다. ≪1844년 초고≫는 '철학'이나 '소외'가 아니라 계급투쟁에서부터 얘기를 시작하고 있다. 첫 번째 문장은 이렇게 돼 있다. "임금은 자본가와 노동자 사이의 격렬한 투쟁에 따라 결정된다."[14] 뒤이어 서술되는 경제 분석은, 뒷날 마르크스의 기준에 견줘 보면 원시적이지만 그것은 분명히 노동자의 처지에 비춰 행해지고 있다. 그것의 목적은 "정치경제학 자체에 바탕을 두고, 정치경제학의 언어"로 다음과 같은 점을 보여주는 것이다.

…… 노동자는 상품 수준으로 그것도 가장 비참한 상품으로 전락하고, 노동자의 생산 능력과 생산량이 늘어남에 따라 노동자의 빈곤이 증대하고, 경쟁의 필연적 결과는 소수의 손에 자본이 축적되고 그리하여 더욱 끔찍한 형태로 독점이 부활하고, 마지막으로 자본가와 지주 사이의 구별과 농업 노동자와 산업 노동자 사이의 구별은 반드시 사라질 것이고 사회 전체는 재산 소유자와 재산이 없는 노

동자라는 두 계급으로 반드시 분화할 것.[15]

이러한 문제를 설명하려고 노력하는 과정에서 마르크스는 노동자가 하는 노동의 특성에 대한 분석으로 나아갔다. 노동자는 자본가의 부와 자신의 빈곤을 생산한다. 왜냐하면 노동자의 노동이 소외돼 있기 때문이다. 그리하여 마르크스는 노동의 이중적 역할이라는 개념, 곧 사람들이 그들의 삶과 그들의 세계를 창조하는 수단인 노동과 사람들이 그들 삶의 질을 떨어뜨리고 그들 위에 군림하고 그들에게 적대적인 세계를 창조하는 수단인 소외된 노동이라는 개념에 도달한다. 여기서 이중적 역할이란 소외된 노동을 없애고 인간해방을 이룰 수 있는 잠재력을 함축함으로써 유물론적 역사관의 출발점과 동시에 결론을 예고하는 것이다.

그러나, 시간을 거슬러 올라가 《헤겔 법철학 비판 서문》(1844년 초)을 살펴보면, 뒷날 소외된 노동을 분석한 결과이자 역사유물론의 결과로서 나타나는 것, 곧 프롤레타리아의 혁명적 역할이 이미 얘기되고 있음을 알 수 있다. "프롤레타리아가 기존 질서 해체를 공표할 때 그들은 자기 존재의 비밀을 선언하는 것일 뿐이다. 왜냐하면 프롤레타리아는 실제로 기존 질서의 사실상 해체이기 때문이다."[16] 그리고, 이미 보았듯이, 프롤레타리아의 혁명적 역할을 마르크스가 인정한 것은 마르크스가 파리에서 혁명적 노동자 서클을 직접 경험한 결과였다. 따라서 이론적으로, 그리고 일대기의 측면에서 역사와 사회에 대한 마르크스의 일반 개념은 그것의 물질적 토대 — 프롤레타리아 투쟁 — 로 거슬러 올라가 추적할 수 있다.

마르크스의 자본주의 분석(실제로는 '정치경제학 비판'이지만 대개 '마르크스주의 경제학'이라 일컫는다)은 자본주의 생산양식의 운동법칙을 드러내 보여 노동자 운동에 군건한 과학적 토대를 제공해 주기 위한 것이었다. 전체 분석이 혁명적 노동계급의 관점에서 이뤄졌다는 것은 명백하다. 어쨌든 그것의 주된 주제들에는 노동자가 어떻게 착취당하고 있는가 하는 것에 대한 설명, 체제 전체가 그러한 착취에 바탕을 두고 있다는 것을 보여 주기, 체제가 착취에 바탕을 두고 있기 때문에 반드시 무너질 것이라는 예측이 포함돼 있다.[17] 그러나 마르크스주의의 이러한 측면이 다른 어떤 측면보다도 '객관적'이고 '가치중립적'이고 '계급중립적'이라고 주장돼 왔기 때문에, 마르크스의 정치경제학 비판의 기원과 논리에 대해 몇 가지 관찰을 제시해도 좋을 듯하다.

물론 마르크스의 비판은 역사유물론 이론을 자본주의 생산양식에 적용한 것이고 역사유물론 자체와 마찬가지로 **노동에 대한 분석**[18] — 소외된 노동에 대한 분석 — 에 근거한다. 기본으로 마르크스의 소외 이론이 노동자가 작업에 대해 갖는 '느낌'이나 인간 의식의 일반 상태에 대한 이론이 아니라 소외된 **노동** — 다시 말해서 노동자가 타인에게 양도해야, 즉 팔아야 하는 노동 — 에 대한 이론이라는 것은 아무리 강조해도 지나치지 않다. 소외된 노동은 임금노동이고 단지 정신 상태가 아니라 '경제적 사실'[19]이다. 그러나 또한 소외된 노동은 노동자의 처지에서 노동을 봐야만 이해할 수 있는 경제적 사실이다.

참말이지 마르크스는 세계 역사에서 최초로 노동자의 처지에서 노동 과정을 분석한 '철학자'이자 '경제학자'였다. 소외된 노동 이론이 자본주의에 대한 마르크스의 분석에서 결정적으로 중요하다는 점은 마르크스의 두 가지 명제에서 알 수 있다. 첫째, "사적 소유가 소외된 노동의 기초이자 원인인 듯하지만 오히려 사적 소유는 소외된 노동의 결과다."[20] 둘째, 자본주의의 고유한 특징은 자본주의에서는 노동력이 상품이 된다는 것이다.

《1844년 초고》와 《자본》 사이에는, 즉 소외된 노동 이론과 잉여가치 이론 사이에는 기나긴 이론적 길이 놓여 있다. 그것은 자본주의에 대한 초기의 일반적 비판이 자본주의 경제의 작동을 낱낱이 해명하기 위한 정확한 분석 도구로 힘겹게 변모해 가는 길이다. 그러나 그 과정에서 원래의 개념이 '잊혀지거나 부정되지는' 않았다. 그것은 여전히 분석의 중심으로 남아 있다. 다음 문장들을 살펴보자.

1) 이 모든 결과들은 노동자가 자기 노동의 생산물을 낯선 대상으로 대하게 된다는 사실에서 비롯한다. 이것이 전제된다면 노동자가 작업에 더 많은 힘을 쏟을수록 그가 자기 앞에 창조해 놓은 대상들의 세계는 더 강해지고, 그의 내면 생활은 더 빈곤해지고 그는 자신에게 덜 속하게 된다는 것이 명확해진다. 종교에서도 사정은 이와 마찬가지다. 인간이 자아를 신에게 돌릴수록 인간에게 남아 있는 것은 갈수록 줄어든다.[21]

2) 물질적 부가 노동자측의 발전·요구를 충족시키기 위해 존재하는 게 아니라 오히려 노동자가 기존 가치의 자기증식 요구를 충족시키기 위해 존재하는 생산양식에서는 달리 어쩔 도리가 없다. 종교의 경우에 인간이 자기 두뇌의 산물에 지배당하는 것과 마찬가지로 자본주의 생산의 경우에 인간은 자기 손으로 만든 생산물에 지배당한다.[22]

3) 자신이 만든 대상 속에서 노동자의 소외는 다음과 같은 정치경제학의 법칙으로 표현된다. 노동자가 생산을 많이 하면 할수록 그는 갈수록 적게 소비해야 한다. 그가 가치를 많이 창조하면 할수록 그는 갈수록 가치 없는 인간이 된다. 그가 만든 생산물이 세련되면 될수록 노동자는 갈수록 조잡하고 보기 흉한 꼴이 된다. 생산물이 문명화하면 할수록 노동자는 갈수록 야만스러워진다. 노동이 강해지면 강해질수록 노동자는 갈수록 약해진다. 노동이 지적 능력을 보여 주면 줄수록 노동자는 갈수록 지능이 떨어져 자연의 노예가 된다.[23]

4) …… 자본주의 체제에서 사회적 노동생산성을 올리는 방법은 모두 개별 노동자를 희생시키는 효과를 낸다. 생산을 발전시키기 위한 수단은 모두 생산자를 지배하고 착취하는 수단으로 바뀐다. 그것들[노동생산성 향상 방법들]은 노동자를 파편화한 인간으로 전락시키고 그를 기계 부속품 수준으로 떨어뜨리고 그의 노동에서 매력을 느끼게 하는 잔재를 모두 파괴하고 그의 노동을 혐오스러운 고역으로 바꿔놓는다. 그것들은 과학이 독립적인 하나의 권력으로 노동과정

에 편입되는 것에 비례해 노동과정의 지적 잠재력을 노동자에게서 빼앗는다. 그것들은 노동자가 노동하는 조건을 왜곡시키고 노동과정에서 그 야비함 때문에 더욱 가증스러운 전제주의에 노동자를 예속시킨다. 그것들은 삶의 시간을 노동 시간으로 바꾸고 노동자의 아내와 아이를 자본의 절대 권력에 예속시킨다.[24]

1)번 문장과 3)번 문장은 ≪1844년 초고≫에서 인용했고 2)번 문장과 4)번 문장은 ≪자본≫에서 인용했는데, 23년이 지난 뒤에도 기본 사상은 똑같고 때로는 거의 같은 언어로 표현되고 있음을 알 수 있다. 게다가 이 문장들은 ≪독일 이데올로기≫에서 ≪잉여가치 이론들≫에 이르는 마르크스의 모든 주요한 이론 저작들에서 인용할 수 있는 문장들 가운데 일부일 뿐이다.[25]

마지막으로, 마르크스주의 공황 이론, 특히 그것의 가장 중요한 구성 요소인 이윤율 저하에 대해 살펴보자. 이윤율 저하 경향은 마르크스의 나머지 사상에서 추상될 수 있는 개별 명제나 독립된 가정이 아니다. 오히려 그것은 그의 모든 주요한 이론들의 수렴점이다. 이윤율 저하 경향은 이윤의 원천이 노동자의 무보수 노동 시간이라고 보는 잉여가치 이론에서, 그리고 자본주의에서 산 노동은 축적된 죽은 노동의 지배를 점차 받게 된다는 명제(이미 1844년에 나타난 주제)에서 직접 도출된다. 또한 이윤율 저하 경향은 생산력과 생산관계의 충돌의 구체적인 경제적 표현이다. 이것은 자본주의 생산관계가 생산력을 구속하는 족쇄가 됐고 "자본주의 생산을 가로막는 진정한 장

벽은 자본 자체"[26]임을 말해 주는 증거다. 게다가, 이것은 우리를 출발점으로 되돌아가게 하는데, 그것은 프롤레타리아의 처지에서만 정식화할 수 있는 이론이었다. 고전 부르주아 경제학자들은 이윤율이 떨어지는 현상을 관찰했지만 그것을 이론화할 수 없었다. 왜냐하면 그렇게 했더라면 자본주의가 역사적으로 제한된 일시적 성격을 가졌음을 인정하는 셈이 됐을 것이기 때문이다.[27]

일부 '마르크스주의자들'은 자본주의의 모순들에 대한 마르크스의 분석을 프롤레타리아 혁명에 대한 그의 헌신과 동떨어진 것으로 봐 왔다. 최근에 이러한 사상을 주장한 사람은 루치오 꼴레띠다.[28] 그러나 그러한 사상은 제2인터내셔널까지 거슬러 올라간다. 그래서 루돌프 힐퍼딩은 이렇게 썼다. "필연을 인정하는 것과 그러한 필연에 공헌하는 것은 별개의 것이다."[29] 그리고 나서 자본주의 붕괴의 '존재'에서 사회주의의 '당위'로 나아가려면 윤리적 실천(대체로 칸트의 '영구적' 윤리 원칙들에서 따온)이 부수적으로 필요하다고 결론 내렸다. 그러나 힐퍼딩은 마르크스주의의 진정한 논리를 뒤집었다. 자본주의의 모순들을 밝히 드러낼 수 있게 했던 것은 프롤레타리아에 대한 헌신이었고, 이러한 헌신 자체의 '당위성'은 이미 자기해방 투쟁을 시작한 프롤레타리아가 시간상 먼저 외적으로 존재했다는 것에서 도출된 것이다.

전체 주장을 간추려 보자. 이론상 프롤레타리아 혁명은 역사유물론 이론, 잉여가치 이론 등의 결과로서 나타난다. 그러나 현실에서 그것은 또한 그런 이론들의 토대다. 이러한 명제를 경험으로 확고하게 입증해 주는 증거는 대체로 노동자 혁명들이 자생적으로 시작된 다 — 파리 1848년과 1871년, 페트로그라드 1905년과 1917년, 독일 1918년, 스페인 1936년, 헝가리 1956년, 프랑스 1968년 등 — 는 사실에서 발견된다. 마르크스주의의 역할은 혁명을 만들어 내거나 일으키는 것이 아니라 혁명을 지도해 혁명이 승리하게 하는 것이다.

이제 우리는 마르크스주의의 **통일성**과 그것이 발전하는 특성이 있음을 — 자본에 대항하는 프롤레타리아의 투쟁에 바탕을 두고 — 파악해야 하는 형편에 있다. 전투를 벌이는 거대한 두 사회세력은 그들 사이의 세력관계나 그들과 다른 계급들의 상호작용과 마찬가지로 끊임없이 변화하고 발전하고 있다. 따라서 마르크스주의 역시 변화하고 발전해야 한다. 그러나 마르크스주의는 프롤레타리아 혁명의 관점에서 벗어나지 않으면서 변화하고 발전해야 한다. 만일 마르크스주의가 프롤레타리아 혁명의 관점에서 벗어난다면 그것은 더는 마르크스주의가 아니다. 레닌은 마르크스주의를 "강철 덩어리"라고 묘사한 일이 있다. 그러한 은유 표현은 엄격히 제한된 범위 안에서만 들어맞는 것이지만, 그래도 그것이 마르크스주의가 마음대로 버리고 바꿀 수 있는 일련의 따로 떼어 놓을 수 있는 부분들로 이뤄져 있다는 널리 퍼진 견해보다는 크게 선호할 만하다. 좀 더 정확한 것은 마르크스가 "사회주의자들이 사태보다 뒤처지고 싶지 않다면 반드시 모든 방향으로 발전시켜야 하는 과학의 디딤돌을 놓았다"[30]는 레닌의 주장이다. 이러한 디딤돌(프롤레타리아라는 사회적 존재를 자의적이지 않고 이론적으로 표현한 것)을 바꿔 놓으려 하고 그렇게 하는 과정에서 프롤레타리아의 처지에서 벗어나 다른 계급의 처지에 도달하는 것이 수정주의의 본질이다.

2부
마르크스주의의 변형들

서문

앞에서 우리가 확립한 기준에 따르면, 지난 백 년 동안 마르크스주의라고 주장해 온 수많은 이데올로기들과 이론체계들이 실제로는 결코 마르크스주의가 아님이 분명해질 것이다. 특정한 예들과 관련해 이것을 보여 주는 작업에 들어가기 전에 자본주의에서 프롤레타리아의 사회적 지위와 의식에 대해 약간의 예비 고찰을 할 필요가 있다.

프롤레타리아의 잠재력은 자본주의를 뛰어넘지만, 자본주의가 존재하는 한 프롤레타리아는 여전히 억압당하고 착취당하는 계급이다. 그래서 일상 시기에 다수 노동자의 의식은 부르주아 이데올로기에 지배된다.("지배적 사상은 지배계급의 사상이다.") 그러나 노동자들은 또한 그들의 경제적 지위 때문에 자본의 공격에 저항하고 그들의 처지를 개선하기 위해 투쟁하게 된다. 그들이 체제 전체에 도전할 수 있는 준비가 돼 있지 않을 때조차 그렇게 한다. 이러한 모순에 상응해 부르주아 이데올로기의 요소들과 사회주의 이데올로기의 요소들이 뒤섞인 혼성 이데올로기들이 나타나 왔다. 가까이에서 찾을 수 있는 가장 명백한 예는 영국 노동당 노선이다.

그러나 이 혼성 이데올로기는 또한 절반은 부르주아적이고 절반은 프롤레타리아적인 사회적 지위를 가진 계급, 그러니까 마르크스주의에서 대체로 쁘띠부르주아지라고 알려진 중간계급에 분명한 물질적 토대를 두고 있다. 쁘띠부르주아지라는 범주는 일반으로 타당하지만, 그렇다고 해서 근대 세계에서 쁘띠부르주아지가 두드러지게 다른 존재 조건을 갖고 있는 여러 사회계층을 포괄하는 계급이라는 사실을 놓쳐서는 안 된다. 이들 계층 중에서 가장 중요한 계층은 소상점주와 그 밖의 다른 소고용주로 이뤄진 '구'쁘띠부르주아지, 노동계급에 대해 권위를 행사하는 지위에 있으면서도 급료를 받는 고용인들로 이뤄진 '신'중간계급, 노동조합 등 노동운동 관료 그리고 대부분의 나라들의 경우 농민이다. 이들 집단은 한데 어우러져 프롤레타리아를 '포위하고' 있고(그들은 날마다 부르주아지보다 프롤레타리아와 훨씬 더 긴밀한 접촉을 갖는다) 프롤레타리아의 의식에 영향을 미친다. 그러나 이들 집단은 각각 자신의 고유한 이데올로기를 만들고 노동자들한테 자신의 고유한 압력을 행사하는 경향이 있다. 그래서 프롤레타리아의 의식은 마르크스주의 이론과 함께 영구 포위 상태에 있고 그렇기 때문에 마르크스주의의 역사는 쁘띠부르주아지의 혼성 이데올로기에 맞서는 전투의 역사다. 그래서 마르크스는 프루동과 바쿠닌을 공격했고, 엥겔스는 뒤링을 공격했고, 플레하노프와 레닌은 나로드니키를 공격했던 것이다.

    그러나 여기에서 우리가 관심을 갖는 문제는 '마르크스주의' 내부의 충돌, 더 정확히 말하면 마르크스주의라고 **주장하는** 이론적·정치적 경향들 사이의 충돌이다. 그런데, 이러한 충돌들 가운데 가장 중요한 충돌은 프롤레타리아의 입장과 쁘띠부르주아지나 다른 계급의 입장 사이의 투쟁이기도 한가 아닌가 하는 문제가 제기된다. 이것이 확증될 수 있는 현상이라면 그것은 또한 설명될 필요도 있다. 레닌은 "마르크스주의가 거둔 이론적 승리 때문에 마르크스주의의 적들이 자신들을 마르크스주의자로 위장해야 하는 것이 바로 역사의 변증법이다"[1] 하고 말했다. 그러나 이러한 설명이 중요한 일말의 진실을 담고 있다 해도 그것은 좀 지나치게 음모적인 것이다. 그러한 과정이 대체로 다음과 같이 펼쳐진다고 말하는 것이 역사적으로 좀 더 정확할 것이다. 지도자들이나 운동들은 프롤레타리아 혁명의 관점에 도달하고 마르크스주의를 받아들인다. 그러고 나서 여러 가지 이유들(따지고 보면 자본주의의 압력이다) 때문에 그들은 이러한 관점을 버리지만 마르크스주의의 진정한 내용을 변질시키면서도 마르크스주의 칭호와 언어 — 자기 기만이나 여전히 급진적인 척하려는 욕망을 통해서 또는 양자를 통해서 — 를 유지한다. 일단 이런 과정이 진행되면 이러한 '변형된' 마르크스주의는 프롤레타리아 혁명과 전혀 관계도 없던 다른 지도자들과 운동들로 옮아갈 수 있다.[2] 그러나 이것은 먼저 역사적 분석을 통해 보여 줘야 하는 결과들을 미리 얘기하는 것이다.

마르크스 이후 마르크스주의의 역사는 물질적 힘과 지지자 수의 측면에서 세 가지 경향들이 득세해 왔다. 첫 번째 경향은 제2인터내셔널의 사회민주주의이고, 두 번째 경향은 스탈린주의고 세 번째 경향은 제3세계 민족주의다. 이 짧은 책에서 이들 세 가지 경향은 고사하고 그 가운데 하나라도 체계 있게 분석하는 것은 명백히 불가능하다. 그래서 나는 그러한 경향들을 대표하는 가장 중요한 이론들이 가진 가장 중요한 특징을 살펴보면서 각각의 경향을 분석하려 한다.

4장
카우츠키주의

제2인터내셔널을 지도한 당은 독일 사회민주당(SPD)이었다. SPD는 독일 내의 마르크스 지지자들과 라쌀레 추종자들이 한데 모인[1] 1875년의 고타(Gotha) 대회에서 창립했다. SPD는 비스마르크의 사회주의자 단속법들 아래서 반(半)합법 시기를 거치면서 19세기 말경에는 독일에서 상당한 세력을 지닌 정당으로 성장했다. 이 시기는 대체로 독일 자본주의의 발전기였으므로, 성장하던 노동계급 운동은 자본측의 양보를 얻어 내고 노동계급의 처지를 개선하는 성과를 낼수 있었다. 물론 이러한 성과는 투쟁의 산물이었다. 노동계급이 투쟁하지 않는데도 자본주의가 뭔가 내준 적은 한 번도 없으니까. 하지만 이러한 성과를 내는 데는 전면 대결, 즉 사생결단식의 전투는 필요하지 않았다.(실제로, 독일 내의 파업 수준은 매우 낮았다.[2]) 대체로 보건대, 그 시기는 상대적으로 사회적 평화가 유지되던 시기였고, 독일 노동계급은 그러한 상황에 힘입어 수십만 명의 당원과 수천 개의 당

조직 그리고 80종 이상의 일간지와 엄청나게 많은 사회·문화 단체를 거느린, 세계에서 가장 크고 가장 잘 조직된 사회주의 정당을 건설할 수 있었다.

1890년대 말 이후 SPD는 '정통 마르크스주의자' 다수파와 날로 세력을 키워 가던 '수정주의자' 소수파로 분열됐다. 에두아르트 베른슈타인이 이끄는 소수파는, 마르크스주의 이론과는 정반대로, 자본주의가 자기 모순들을 조금씩 극복해 가고 있으며 따라서 SPD는 민주적 사회개혁을 추구하는 당이 될 수 있으며 또 그렇게 돼야 한다고 주장했다. 수정주의자들은 거의가 내놓고 마르크스주의에 반대하는 자들이니, 이 글과는 인연이 없다. 우리의 관심을 끄는 것은 이른바 '정통'파이다.

SPD는 1891년에 열린 에어푸르트 당 대회에서 "마르크스주의의 교황" 칼 카우츠키가 기초한 에어푸르트 강령을 채택하면서 마르크스주의에 헌신할 것임을 공식 천명한 바 있다. 카우츠키가 제1차세계대전 때까지 노동계급 운동의 지도적 이론가 구실을 했듯이 에어푸르트 강령 또한, 역시 카우츠키가 그것에 덧붙인 주석(註釋)과 함께[3] 제1차세계대전 때까지는 노동계급 운동의 세계관을 밝히는 기본 선언문 구실을 했다. 강령을 기초한 카우츠키의 의도가 정통 마르크스주의에 충실한 선언문을 작성한다는 데 있었고 당시 사람들이 대체로 강령을 그렇게 받아들였다는 데에는 의심의 여지가 없다. 카우츠키는 강령 제1절 '현재의 사회와 그 발전에 대한 분석'[4]에서, 마르크스가 《공산당 선언》에서 개관한 바 있는 자본주의 발전 이론을 압축해 간단명료하게 제시한 뒤 "생산수단의 사적 소유는 그것의 효과적 이용 및 완전한 발전과 양립할 수 없게 됐다"[5]고 결론지었다. 또, 제2절에서는 "사적 소유를 사회적 소유로, 그리고 상품 생산을 사회를 위해 또 사회에 의해 수행되는 사회주의적 생산으로 전환함으로써"[6] 그러한 모순을 해결해야 한다고 주장했다. 강령의 제3절은 "이러한 목적들을 실현해 줄 수단들",[7] 곧 프롤레타리아의 계급투쟁을 다룬 부분인데, 계급투쟁의 성격을 강령은 다음과 같이 밝히고 있다.

자본주의적 착취에 대항하는 노동계급의 투쟁은 정치투쟁이 될 수밖에 없다. 정치적 권리들 없이는, 노동계급은 자신의 경제조직을 발전시킬 수 없고 경제투쟁을 벌일 수도 없다. 먼저 정권을 장악하지 않고서는, 노동계급은 생산수단 소유권을 사회로 이전하는 일을 완수할 수 없다.[8]

여기까지는 정통 마르크스주의와 부합하는 내용이다. 마르크스는 "계급과 계급이 맞서는 투쟁은 정치투쟁이며" "따라서 권력 장악이 노동계급의 막중한 임무가 돼 왔다"[9]고 거듭 강조한 바 있다. 하지만 문제는 이 '정치투쟁'과 '정권 장악'의 내용이 무엇이어야 하느냐 하는 것이다. 마르크스는, 정치투쟁의 핵심은 부르주아 국가를 파괴하고 프롤레타리아 독재를 수립하는 것이며 파리 코뮌이 그 생생한 예라고 봤다. 한편, 카우츠키가 에어푸르트 강령에 붙인 주석에 분명히 드러나 있듯이, 카우츠키와 SPD는 정치투쟁의 핵심은 단연 의회 투쟁일 수밖에 없다고 보았다. SPD의 전략이 철저히 의회주의에 입각한 것이었음을 분명히 보이자면, 유감스럽게도 장황한 인용이 필요하다.

여느 계급과 마찬가지로, 노동계급도 국가기관들에 영향력을 행사하고 그것들을 자기 목적에 종사시키는 데 힘써야 한다.
　대자본가들은 행정부와 입법부에 직접 영향을 줄 수 있지만, 노동자들은 오직 의회 **활동을 통해서만**[이하 강조도 모두 몰리뉴의 것] 그럴 수 있다. ······ 따라서, 노동계급은 의회로 보낼 대표들을 선출함으로써 통치자들에게 영향력을 행사할 수 있다.
　입법 활동에 의지해 정치적 영향력을 확보하려 하는 계급들은 모두 현대 국가에서는 한편으로는 의회(또는 국회)의 권한을 증대하는 데, 그리고 다른 한편으로는 의회 내에서 자기 계급의 영향력을 증대하는 데 투쟁을 집중한다. 의회가 어느 정도의 권한을 지니는가 하는 것은 의회를 지지하고 의회의 결정을 받아들여야 하는 계급들이 얼마만한 능력과 용기를 갖췄느냐 하는 것에 달려 있다. 그리고 한 계급이 의회 안에서 어느 정도 영향력을 지니는가 하는 것을 결정하는 첫 번째 요인은 현행 선거법의 성격이다. 그 다음 요인은 앞서 말한 계급이 유권자들에 대한 영향력을 얼마나 확보하고 있는가 하는 것이며 마지막 요인은 그 계급이 의회 활동에 필요한 재능을 얼마나 갖추고 있는가 하는 것이다. ······
　하지만 프롤레타리아는······ 의회 활동을 하기에 유리한 입장에 있다. …… 노동조합들은 의회 활동을 가르치는 아주 훌륭한 학교 구실을 한다. 즉, 노동조합은 노동자들에게 의회 관련 법규를 학습하고 대중 연설을 훈련할 기회를 제공한다. …… 게다가 입법기관에서 노동계급의 입장을 잘 대변할 수 있는 사람들이 노동조합 속에서 점점 더 많이 생겨난다.

프롤레타리아가 자각한 계급으로서 의회 활동에 참여하는 순간, 의회제의 성격은 변화하기 시작한다. 그것은 이제 더는 부르주아지의 손안에 든 도구일 뿐인 것이 아니게 된다. 프롤레타리아의 이러한 참여야말로 지금껏 의회제에 무관심했던, 프롤레타리아의 여러 부문들을 각성시키고 그들에게 희망과 확신을 주는 가장 효과적 수단임이 입증될 것이다. 의회 활동 참여는 경제·사회·도덕적으로 하락한 프롤레타리아의 지위를 향상시키는 데 활용할 수 있는 가장 강력한 수단이다.

따라서 프롤레타리아에게는 의회 활동을 불신할 이유가 전혀 없다.[10]

이러한 의회주의적 관점은 SPD가 선거에서 올린 극적인 성과 — SPD 지지표는 1884년에 55만 표(9.7퍼센트)이던 것이 1890년에는 1백42만 7천 표(19.7퍼센트)로 늘어났다 — 에 대응해 채택됐는데, 이를 계기로 SPD는 이전 입장에서 명백히 우선회(右旋回)했다. 카우츠키는 1881년에 "사회민주당은 선거를 통해서, 곧 의회의 길을 통해서 목적을 직접 성취할 수 있으리라는 환상을 결코 품고 있지 않으며" "다가오는 혁명의 제1단계"는 "부르주아 국가의 파괴"가 될 것이라고 말한 바 있다.[11] 그러나, 1890년대 이후로 카우츠키와 SPD는 의회의 길을 주된 전략으로 삼았다. 따라서 당 내의 수정주의자들과 논쟁을 벌일 때 카우츠키는 '혁명'의 수호자인 듯했지만, 그가 수호했던 혁명은 바로 '의회 혁명'이었다. 다시 말해서, 노동자당은 부르주아 정부와 연립하거나 그것에 참여하기를 거부한 채 야당으로 남아 있다가, 마침내 의회에서 다수를 점하는 날이 오면 그 지위를 활용해 개혁입법을 함으로써 사회주의를 확립한다는 것이었다.[12] 이 전략을 취할 경우 자본주의 국가는 분쇄가 아닌 인수의 대상이 된다는 것은 카우츠키가 1912년 판네쾨크와 논쟁을 벌이면서 자기 입으로 강조한 바다.

> 우리 정치투쟁의 목적은 전과 다를 바 없다. 즉, 의회에서 다수를 차지하고 의회의 지위를 국가 안에서 통치권을 행사하는 기구로 격상시킴으로써 국가권력을 장악하는 것이다. 국가권력 파괴가 목표가 아님은 분명하다.[13]

독일 사회민주당 의회 전략의 밑바탕에는 경제 발전이 거의 필연적으로 사회주의를 가져온다는 생각이 깔려 있었다. 즉, 자본주의의 성장은 프롤레타리아의 양적 팽창을 초래하고, 그러한 양적 팽창에 발맞춰 의식도 높아질 것이며, 프롤레타리아의 의식이 높아질수록 사회민주당에 대한 지지표도 늘어나 결국은 사회주의 지지자들이 다수가 되는 날이 오리라는 것이었다. 카우츠키는 "경제가 발전하면 자연히 이러한 목적이 달성될 것이다"[14] 하고 말했다. 그의 말대로면, 사회주의로 이행하는 과정 전체는 당 지도부가 모험주의에 빠지거나 때 이른 전투를 부추기지 않는 한 순탄하게 또 필연적으로 진행될 터였고, 따라서 실천은 오직 조직하기와 교육에 국한돼야 했다.

> 조직을 확대하는 것, 우리 자신의 힘으로 획득해 확보할 수 있는 권좌들을 모두 장악하는 것, 국가와 사회를 연구하고 대중을 교육하는 것 외에 다른 목표들을 우리 자신이나 우리 조직들에 의도적·계획적으로 제시해서는 안 된다.[15]

여기서 우리는 다음과 같은 질문을 던지지 않을 수 없다. '감나무 밑에 누워 감 떨어지기만 기다리는' 식인 이 이데올로기의 사회적 토대는 무엇이었는가? 우선, 19세기 말과 20세기 초 독일 자본주의의 성장과 지위향상을 배경으로 한, 프롤레타리아와 부르주아지 간의 긴장완화가 그 사회적 배경이었음은 분명하다. 그러나 그 밖에도 그러한 전반적 상황 속에서 카우츠키주의가 누구의 이익을 대변했는가도 짚어 봐야 한다. 카우츠키주의가 대변했던 것은 노동계급의 이익이 아니었다. 그것은 앞서 말한 사회적 휴전을 틈타 입지를 굳힌 사회계층, 즉 사회민주당과 노동조합 안의 방대한 관료 집단의 이익을 대변하고 있었다. 그들은 득세해 복덩어리 같은 자기 조직들 위에 군림하게 된 특권 관료 무리였다.

카우츠키주의의 이러한 본질은 노동조합과 당의 지도부들이 계급투쟁의 근본 문제인 대중파업을 대했던 태도에서 가장 잘 드러난다. 1905년 러시아 혁명에서 대중파업이 큰 역할을 하자, 그 여파로 독일에서도 대중파업이 긴급 현안으로 부각됐다.[16] 노동조합 지도부는 대중파업에 단호히 반대했을 뿐 아니라 1905년 5월 쾰른에서 열린 노동조합 대회에서 대중파업을 비난하는 결의문을 채택했다. 그런데, 사회민주당은 1905년 9월 예나 대회에서 비록 구체적 지침은 명시하지 않았으나 원칙적으로는 대중파업을 '승인하는' 내용의 결의문을 채택했다. 이처럼 노동조합과 당의 지도부들이 서로 다른 입장을 보이던 상황에서 작센 지방에서 선거권 확대를 요구하는 대중운동이 벌어지자, 양단간 결정을 내려야 할 필요성이 생겨났다. 그리하여,

1906년 2월 1일, 당과 노동조합 집행부들의 비밀 연석회의가 열렸다. 이 모임에서 두 조직의 실세가 바로 판가름났다. 당은 노동조합측의 요구에 굴복해, 대중파업을 막는 데 전력투구하겠다고 다짐했다.[17]

이러한 상황은 1906년 9월에 있었던 만하임 당 대회에서 타협으로 이어졌다. 이 대회에서 당과 노동조합은 "언젠가는", 그것도 "노동조합 조합원들과 지도부의 지지"가 있는 경우에 한해서 "대중파업을 활용할 수도 있다는 것을 쌍방이 이론적으로 인정"함에 따라 합의에 도달했다.[18] 이 과정에서 카우츠키는 노동조합 지도부를 '좌파'

입장에서 비판하는 역할을 했다. 그는 노조 지도부가 편협한 경제주의 사고방식에 젖어 있다고 불만을 토로하기도 했고, 노조들이 사회민주주의 정신을 우선해야 한다고 주장하기도 했다. 하지만 그는 그들과 정치적으로 결별하기를 거부했을 뿐 아니라, 로자 룩셈부르크처럼 대중파업을 진정으로 옹호하는 사람들을 "혁명을 억지로 만들려는 자들"이라고 매도했다.[19] 선택에 직면했을 때 카우츠키는 당과 노동조합 조직들의 단결을 앞세워 계급투쟁의 요구를 저버리는 길을 택했다.

노동운동 진영의 관료집단은 소부르주아지에 속한다. 그들은 노동자와 자본가의 중간에 자리 잡고서 중재자 노릇을 한다. 노동자 대중에 견주면 그들은 수입, 직업의 안정성, 노동조건, 생활양식 면에서 특권을 누리는 집단이다. 그러나 그들은 사회적 처지와 그에 따른 정치적 태도 면에서 소자산가인 전통적 소부르주아지와 차이를 보인다. 소자산가인 전통적 소부르주아지는 평상시에는 거의 완벽하게 대부르주아지의 헤게모니에 지배당한다. 하지만 노동과 자본 양쪽에서 압력을 받게 되는 위기의 시기에는 그들은 노동계급 편으로 끌려오기도 한다. 단, 자본주의의 위기를 해결할 만한 결단력과 능력을 보이는 강력한 혁명운동이 존재할 경우에만 그렇다. 그런 운동이 존재하지 않을 때는 그들은 극우로 돌아서 파시즘의 대중적 기반을 이룬다.

이와는 대조적으로, 노동관료 집단은 노동계급과 조직으로 묶여 있으며, 따라서 하나의 사회계층으로서는 극우로까지 돌아서지는 않는다.("사회[주의적] 파시즘"론이 얼토당토않은 이론인 것은 바로 이 때문이다.) 하지만 다른 한편으로 그들은 소고용주들에 비해 지배계급과 훨씬 더 긴밀한 관계를 맺고 있다. 의회나 노조의 '대표자' 구실을 하다 보니 그들은 늘 사용자나 국가를 상대하게 된다. 그들에 대한 대중의 지지도는 그들이 그러한 교섭에서 얼마나 많은 양보를 얻어 내느냐 하는 것에 따라 달라진다. 자기네 '조직들'을 궤멸시킬 파시즘과, 자신들의 중재자 역할을 무로 돌려 버릴 혁명을 모두 겁내는 이들 관료집단은 대단히 보수적이다. 하지만 뭐니 뭐니 해도 그들은 대중행동이 자신들의 '통제에서 벗어나' 조직을 뒤흔들어 놓고, 지배계급의 공세를 부르며, 계급과 계급 사이에서 미묘한 줄타기를 하면서 중재자 구실을 하는 자신들의 입지를 손상시키는 사태가 벌어지는 것을 가장 두려워한다. 관료집단이 정치적으로 필요로 하는 바는, 사회주의는 말뿐이고 실천에서는 수동성과 타협을 조장하는 이데올로기다. 그들은 노동계급더러 자기네 밥줄이자 유사시에 양보 획득을 위한 전투에 동원할 수 있는 별동대 구실을 하는 노동자 조직들을 지키라고 요구한다. 하지만 그뿐이 아니다. 그들은 노동계급더러 제자리를 지키고 통제에서 벗어나지 말라고도 요구한다. 독일 사회민주당의 이데올로기는 이러한 필요들에 안성맞춤이었다. 카우츠키의 '마르크스주의'는 모든 핵심 문제에서 어김없이 관료집단들이 필요로 했던 바들에 순응했던 신축자재한 이론체계였다.

철학 면에서도 이 점은 마찬가지였다. 왜냐하면, 카우츠키와 제2인터내셔널 전체의 철학적 세계관의 특징인 기계적 유물론은 근본적으로 부르주아지의 세계관이기 때문이다. 기계적 유물론자들은 노동계급을 물질적 환경의 산물(수동적 존재)로만 여겼고, 따라서 노동자들이나 특히 당이 혁명에서 능동적 구실을 할 수 없다고 봤다.[20]

이처럼 제2인터내셔널 마르크스주의의 사회적 토대가 밝혀진 이상(한마디 덧붙이자면, 카우츠키와 SPD는 다른 사회주의 정당들보다는 그래도 좀 나은 편이었다), 제1차세계대전 때 제2인터내셔널이 국수주의에 굴복했던 원인을 분석하는 것은 그리 어렵지 않은 일이다. 첫째, 각국의 다양한 관료집단들이 저마다 자기 나라 자본의 번영 및 제국주의적 패권과 관련한 기득권을 키워 가고 있었다. 자본이 번창할수록 떡고물을 놓고 더 쉽게 흥정을 벌일 수 있었던 것이다. 둘째, 그들에게는 자기네의 합법성, 조직, 지지를 위태롭게 할 인기 없는 정책을 과감히 채택하지 못했다. 따라서 1914년 8월 4일 SPD가 전쟁공채 발행에 찬성표를 던졌던 것은 배신 — 그 전 여러 해 동안 떠벌였던 오갖 반전·국제주의 미사여구에 대한 배신 — 행위이자, 어찌 보면 이미 확립된 정치적 실천의 연장이요 절정이기도 했던 것이다.[21]

결론을 내리자. 카우츠키주의를 마르크스주의의 한 변형 또는 마르크스주의 전통의 한 갈래로 보는 것은 형식과 내용을 혼동하는 잘못을 저지르는 것이다. 내용 면에서 그것은 다른 계급의 이론이었다. 마르크스에 대한 반대 입장을 분명히 했던 베른슈타인이나 '정통' 마르크스주의자를 자처하던 카우츠키나 내용 면에서 둘 다 마르크스의 혁명적 이론과 거리가 멀기는 마찬가지였다. 오히려 둘은 서로 통하는 바가 더 많았다. 두 사람은 어떤 정치적 실천을 해야 하느냐 하는 것을 놓고 의견이 갈렸던 게 아니라, 그것을 어떻게 설명해야 하느냐 하는 문제를 놓고 입장을 달리했을 뿐이다. 카우츠키 자신의 말로써 대미를 장식하자. 카우츠키는 1932년 베른슈타인의 죽음을 애도하는 글에서 다음과 같은 감회를 피력했다. 두 사람이 19세기 말에 벌였던 논쟁은 "한갓 에피소드였을 뿐"이며, "세계대전 동안" 두 사람은 같은 길을 걸었고, 그 뒤로도 전쟁, 혁명, 독일과 세계의 변동 등 모든 문제에 대해 "우리는 언제나 같은 관점을 취해 왔다"고.[22]

5장
스탈린주의

스탈린주의의 출발점은 카우츠키주의와는 매우 달랐다. 스탈린주의는 내젠[1918~1921년] 이후의 몇 년 사이에 볼셰비키 당 내부에서 출현해 1920년대에 잇따라 벌어진 당내 투쟁들을 거치면서 소비에트 러시아 안에서 주요한 이데올로기로 떠올랐고, 1928~1929년에 마침내 절대적 지배력을 확립하게 됐다. 따라서 이론 면에서 보자면 스탈린주의는 마르크스주의를 발전시킨 레닌주의 — 1917년 10월 노동자 혁명의 표현이자 그것을 승리로 이끌었던 레닌주의 — 에서 진화한 것이었다. 레닌주의는 혁명적 비타협성, 철두철미한 국제주의, 제국주의에 대한 분석과 그것에 대한 반대, 소비에트에 바탕을 둔 노동자 권력으로써 부르주아 국가를 분쇄해야 한다는 주장, 그리고 당은 모든 상황에 적극 개입해 활동하는 전위 조직이어야 한다는 생각을 주요한 특징으로 삼고 있었다.

그러나 스탈린주의가 출현했을 당시의 물질적 상황은 그 이론적 출발점[레닌주의]을 둘러싼 상황과는 정반대였다. 1917년에 전 세계에서 가장 높은 의식 수준과 혁명투쟁 수준을 선보였던 러시아 노동계급은 1921년 무렵에는 거의 존재하지 않았다. 가장 전투적이고 정치의식도 높았던 노동자들은 대다수가 내전 과정에서 전투 중 사망하거나 국가관료 자리에 올랐다. 세계대전의 여파 속에서 혁명 자체와 내전의 충격파가 더해져, 소비에트 러시아의 경제는 완전히 망가졌다. 산업총생산은 1913년 수준의 31퍼센트, 대공장 생산과 철강 생산은 각각 21퍼센트와 4.7퍼센트로 격감했고, 운송 체계는 철저히 파괴됐으며, 전염병과 기근이 만연했다. 산업노동자 수는 1917년에 약 3백만 명이던 것이 1921년에는 1백25만 명으로 줄었고, 그나마도 정치적으로 탈진한 상태였다. 레닌은 이 점을 1921년에 다음과 같이 지적했다.

> 우리 나라의 …… 산업 프롤레타리아는 전쟁과 절망적인 가난과 파멸 탓에 탈계급화, 즉 계급의 상궤에서 벗어나게 됐고, 이제 더는 프롤레타리아가 존재하지 않게 됐다.[1]

볼셰비키 당은 자신이 허공에 매달린 신세임을 깨달았다. 그런 상황에서 국가를 경영하자니 방대한 제정(帝政) 관료집단을 받아들여 활용할 수밖에 없었고, 의도와는 달리 당 자체도 관료화했다. 관료제는 근본적으로 인민대중의 아래로부터 통제를 받지 않는 관료들의 위계 제도이다. 소비에트 러시아 내의 마르크스주의자들(특히 레닌)이 관료의 팽창을 막아 줄 사회세력으로 기대했던 능동적이고 혁명적인 노동계급은 당의 발밑에서 떨어져 나가고 없었다. 그런 상황에서는 마르크스주의 강령을 순수한 형태로 실행할 수 없었다. 단, 얼마 동안은 백전노장의 사회주의자들인 고참 볼셰비키 전사들의 헌신에 힘입어 한편으로는 실천을 위해 불가피한 타협책(예컨대, 신경제정책)을 취하고 다른 한편으로는 국제혁명의 도움을 기다리면서 혁명의 기본 목표들을 고수하는 지연 작전을 펼 수는 있었다. 레닌은 근본적으로 바로 그 길을 택했다. 그러나 국제혁명이 실패할 경우(실제로 국제혁명은 실패하고 말았다), 분명한 선택을 해야만 했다. 즉, 소비에트 러시아 내에서 국가권력을 잃을 위험을 무릅쓰고라도 국제 프롤레타리아 혁명의 이론과 목표에 계속 충실할 것인가, 아니면 국가권력을 고수하고 앞서 말한 이론과 목표를 포기할 것인가, 둘 중 하나였다. 상황은 지극히 복잡했고 당시 사람들이 자신이 처한 상황의 본질을 앞서 말한 식으로 분명하게 꿰뚫어 보고 있었던 것도 아니었지만, 근본을 따진다면 트로츠키주의는 첫 번째 선택의 산물이었고 스탈린주의는 두 번째 선택의 산물이었다.[2]

물론 스탈린주의가 레닌주의나 마르크스주의와 공식 결별선언을 한 것은 아니었다. 레닌주의의 영예와 위신을 제 것으로 간직하기 위해 스탈린주의는 두 개의 상호 연관된 조작을 해야 했다.

첫째, 계속 발전하는 실천 지향의 원리인 마르크스·레닌주의를 마치 국가 종교 같은 고정된 교조(도그마)로 바꿔 놓을 필요가 있었다. 이 목적과 관련한 스탈린의 갈망은 레닌 서거 직후에 그가 행한

추도사 <레닌 동지에게 드리는 맹세>에서 분명히 드러난다.

> 우리 곁을 떠나면서 레닌 동지는 당원이라는 위대한 이름을 드높이 그리고 순결하게 간직하라고 명했습니다. 우리는 그대 레닌 동지에게 맹세합니다. 그대의 명령을 훌륭하게 완수하겠노라고……. 우리 곁을 떠나면서 레닌 동지는 당의 통일을 장중보옥(掌中寶玉)처럼 지키라고 명했습니다. 우리는 그대 레닌 동지에게 맹세합니다. 그대의 이 명령 또한 훌륭히 완수하겠노라고……. 우리 곁을 떠나면서 레닌 동지는 프롤레타리아 독재를 고수하고 강화하라고 명했습니다. 우리는 그대 레닌 동지에게 맹세합니다. 그대의 이 명령 역시 온 힘을 다해 훌륭히 완수하겠노라고…….[3]

이러한 경향은 레닌의 원리들을 경직되게 도식적으로 경전화한 스탈린의 《레닌주의의 기초》와, 지금까지 소련 공산당 출판사들에서 계속 쏟아져 나온 엄청난 분량의 자칭 마르크스주의 서적들 그리고 현학적인 공식 해설서들에서도 발견된다. 스탈린주의가 표방한 마르크스주의는 그런 식으로 노동계급의 실천과 완전히 유리됐고, 따라서 전혀 생기 없는 것으로 변모했다.(스탈린 치하의 또는 스탈린 이후의 소련에서 걸출한 마르크스주의 사상가가 단 한 사람도 배출되지 않았던 것은 결코 우연이 아니다.) 변화하는 현실에 더는 관심을 기울이지 않게 된 스탈린주의는 현실을 은폐하는 구실을 했다. 스탈린주의식 마르크스주의는 말 그대로 이데올로기로 전락했던 것이다.

설령 스탈린이 앞서 말한 목적을 위해 레닌주의를 고스란히(마치 레닌의 유해를 방부처리해 화려한 무덤에 모신 것처럼) 보존하고 싶어 했다 하더라도 그는 그럴 수 없었다. 이론과 현실의 틈이 점점 커지게 돼, 둘이 겉보기에나마 일치한다는 인상을 계속 주려면 이론에 '약간의 수정들'을 가할 수밖에 없었다.[4] 따라서, 첫 번째 조작의 필연적 결과로서 제2의 조작 — 스탈린주의의 실천에 맞춰 레닌주의와 마르크스주의를 뜯어고치는 작업 — 이 행해졌다. 이 과정에 초점을 맞춰 고찰하면, 스탈린주의의 진면목과 그것이 누구의 이익을 대변하느냐 하는 것을 명확히 꿰뚫어볼 수 있게 된다.

앞서 말한 수정들 가운데 가장 중요한 것은 스탈린이 1924년 가을에 처음으로 공표한 일국사회주의론이다. 이 이론의 도입은 여러 각도에서 뜯어 볼 필요가 있다. 일국사회주의론은 어떻게 도입됐는가? 왜 도입됐는가? 그것은 어떤 사회세력의 이익을 대변했는가? 그것은 어떤 결과를 낳았는가?

먼저, 스탈린이 일국사회주의론을 도입한 방식을 살펴보자. '일국사회주의'는, 마르크스와 엥겔스가 1845년과 1847년[5]에 이미 분명히 제시한 바 있고 레닌 역시 러시아 혁명과 관련해 줄기차게 강조했던 국제주의 입장과의 극적인 결별을 뜻했다.[6] 그것은 또 스탈린 자신이 오래 전도 아닌 1924년 4월에 《레닌주의의 기초》에서 쓴 구절과도 모순됐다.

사회주의의 주된 임무 — 사회주의적 생산의 조직 — 는 아직 완수되지 않았다. 몇몇 선진국 프롤레타리아의 공동 노력 없이도 이 임무를 완수하고 한 나라 안에서 사회주의가 궁극적 승리를 거둘 수 있는가? 아니, 그것은 불가능하다.[7]

스탈린은 이 구절을 정반대로 고쳐 쓰고("혁명이 승리한 나라의 프롤레타리아는 권력을 공고히 하고 농민을 자기 편으로 끌어들인 뒤에는 사회주의 사회를 건설할 수 있고 또 건설해야만 한다"[8]) 《레닌주의의 기초》의 초판을 거둬들임으로써 이 모순을 '해결했다'. 거기에 새로운 분석은 없었다. 있는 것이라곤 오직 새로운 정설(正說)의 억지 선언뿐이었다.(스탈린은 과거로 거슬러 올라가 레닌에게 그것을 소급시켰다.) 실제로, 이 한 구절을 제외하고는, 책의 나머지 부분은 이전의 관점을 명백히 반영하는 구절들까지 포함해 원래대로 남았다.[9] 새 노선을 정당화하기 위한 '분석'들은 나중에야 비로소 덧붙여졌다.

이런 식의 일처리가 독특한 사례는 아니었다. 오히려 그것은 전형이었다. 사회민주당이 동지(同志)에서(1925~1927년) '주적(主敵)'으로 변신했다가(1928~1933년) 다시 동지로(1934~1939년) 돌아왔다고 스탈린이 주장했을 때, 그는 사회민주당에 대한 새로운 분석을 바탕으로 노선을 변경했던 것이 아니었다. 노선 변경은 순전히 지령(指令)에 불과했고, 분석은 나중에야 그것에 끼워 맞춰졌다. 이 방법의 '비밀'은 스탈린에게 분석 능력이 없었다는 데 있는 것이 아니라 그의 분석이 공표할 성질의 것이 못 됐다는 데 있었다. 왜냐하면 그의 분석에 내포된 진짜 원칙과 진짜 목적들이 그가 표방하던 이론의 원칙이나 목적들과 더는 맞아떨어지지 않게 됐기 때문이다.

그러면 다음으로, 스탈린은 왜 1924년에 일국사회주의론을 도입했는가? 그것은 명백히 1923년의 독일 혁명 실패와 그에 뒤이은 자본주의의 상대적 안정화에 대한 대응(패배주의적 대응)이었다. 안 그래도 세계혁명에 별로 관심이 없었던 스탈린은(그는 볼셰비키 지도자들 가운데 우물 안 개구리로는 단연코 제1인자였다) 독일혁명의 실패를 계기로 세계혁명을 완전히 버린 자식 취급했다. 하지만 그것만으로는 스탈린이 예로부터의 국제주의를 지지한다는 입에 발린 말을 뚝 그치게 된 이유가 설명이 안 된다. 앞의 질문에 대한 해답은 일국사회주의가 당시에 러시아를 지배했던 관료 집단의 요구 및 갈망과 딱 맞아떨어졌다는 데 있다. 관료들은 국제혁명이라는 모험으로 골머리를 앓게 되는 일 없이 매사가 평소대로 굴러가기를 열망했다. 아울러, 그들은 자기네를 결집시켜 줄 기치와 자기네의 목표를 규정하는 구호를 필요로 했다. 트로츠키가 말했듯이, 일국사회주의는 "관료의 정서를 명확히 표현했다. 관료들이 사회주의의 승리를 말할 때 그것이 뜻하는 바는 그들 자신의 승리였다."[10] 일국사회주의론은 1917년에 '모든 권력을 소비에트로!'라는 구호가 노동자들에게 했던 것과 똑같은 구실을 관료들에게 했던 것이다.

앞에서 봤듯이, 스탈린은 그의 새 이론을 (그것이 새로운 것이라는 사실을 감추기 위해) 최대한 조용하게 도입했다. 그러나 실제로 그의 이론은 지향점의 결정적 전환을 뜻했고, 이 전환은 아주 심각한 결과들을 초래했다. 소비에트 러시아는 적대적인 자본주의 세계에 직면해 고립돼 있었다. 내전에 개입했을 때 이미 알아봤듯이 자본주의 세계는 혁명의 숨통을 조이고 싶어 안달했고, 레닌이 강조했듯이 경제·군사 면에서 신생 노동자 국가보다 여전히 더 강력했다. 혁명의 초기 몇 년 동안의 전략 — 레닌과 트로츠키의 전략 — 에 혁명을 결연하게 군사적으로 방어한다는 내용이 포함돼 있었음은 물론이다. 하지만 그 성패는 궁극적으로 [세계]자본주의를 내부에서 전복할 국제혁명을 북돋우는 데 달려 있었다. 일국사회주의 정책은 강조점을 바꿔 놓았다. 즉, 혁명 방어의 성패를 국제 계급투쟁에 거는 것이 아니라 일개 국민국가 소련의 힘에 건다는 것이었는데, 이 결정에는 그것 나름의 무자비한 논리가 있었다.

소련을 지키려면 적들의 무장력과 동일한 무장력이 필요했고, 현대 세계에서 그것이 뜻하는 바는 동일한 산업과 동일한 잉여였다. 20세기 경제와 정치의 이 핵심 사항을 엥겔스는 1892년에 이미 파악하고 있었다.

> 군수품(철갑선, 포신 내면에 강선을 새긴 대포, 고속연발식 기관포, 연발총, 철탄환, 무연 화약 등) 생산이 대공업의 일부로 자리 잡은 순간부터 이들 물품의 제조에 필요불가결한 대공업이 정치적 필수품이 됐다. 고도로 발전한 금속 제조업 없이는 이들 군수품을 손에 넣을 수 없다. 그리고 다른 모든 제조업 분야, 그중에서도 특히 섬유 산업이 발맞춰 발전하지 않으면 금속 제조업의 발전을 볼 수 없다.[11]

이러한 현실은 스탈린도 엥겔스 못지않게 확고히 인식하고 있었다.

아니오, 동지들…… 속도를 늦춰서는 안 됩니다! 우리의 힘과 잠재력이 허용하는 한 오히려 속도를 높여야 합니다.
　속도를 늦추면 뒤처질 것이고, 뒤처지는 자는 패배합니다. 우리는 패배를 원치 않습니다. 그렇습니다, 우리는 결코 패배를 원치 않습니다. 옛…… 러시아…… 역사를 보면 러시아는 후진성 탓에 끊임없이 패배했습니다. …… 군사적 후진성 탓에, 문화의 후진성 탓에, 정치의 후진성 탓에, 산업의 후진성 탓에, 농업의 후진성 탓에……. 우리는 선진국들에 비해 50년이나 백 년은 뒤처져 있습니다. 우리는 이 지체를 10년 안에 만회해야 합니다. 이 일을 해내지 않으면 그들이 우리를 분쇄해 버릴 것입니다.[12]

그러나 러시아는 가난했다. 경쟁국들에 비하면 절망적일 만큼 가난했고, 노동생산성은 낮았다. 러시아를 산업화하자면 대규모 투자가 필요했고, 국제 원조가 없는 상황에서 대규모 투자의 원천이 될 수 있는 것은 오직 하나, 노동자와 농민의 노동뿐이었다. 잉여를 대량으로 추출해 산업 성장에 다시 쏟아 부어야 했지만, 국민의 절대다수가 최저 생계 수준이나 겨우 면한 생활을 하고 있던 상황에서는 그만한 잉여를 연합한 생산자들의 집단적 결정으로 자발적으로 추출하고 비축할 수가 없었다. 잉여 추출은 오직 강제 착취를 통해서만 가능했고, 그러자니 이 강제를 담당할 자가 필요했다. 곧, 자본축적 과정의 부담은 지지 않고 그 과실만 수확하는 사회계급, 서유럽에서 부르주아지가 해 온 것과 똑같은 역사적 역할을 수행하는 계급이 필요해진 것이다. 이리하여 일국사회주의는 실천 면에서 정반대의 결과, 곧 일국 국가자본주의라는 결과를 낳았다.

일국사회주의는 이론 면에서도 비슷한 결과를 초래했다. 설령 스탈린이 아무리 그러길 바랐다 하더라도, 일국사회주의론은 결코 정통 이론을 조금 뜯어고치는 데 머무를 수 없었다. 러시아에서 국민의 절대 다수는 노동자가 아니라 농민이었다. 마르크스와 레닌은 자본가와 지주 집단을 타도하기 위한 노동자·농민의 혁명적 동맹의 가능성을 인정하면서도 늘 농민은 사회주의적 계급이 아니라고 주장했다. "농민운동은 …… 자본주의의 토대들에 저항하는 투쟁이 아니라 그것들에 남아 있는 농노제의 잔재를 일소하기 위한 투쟁이다."[13] 그러나, 만일 소비에트 러시아가 혼자 힘으로 사회주의로의 이행을 완수할 수 있다면, 농민에 대한 이러한 태도는 수정돼야 했다. 그래서 스탈린(그리고 그의 동맹자 부하린)은 농민이 사회주의로 '성장·전화'한다는 주장을 한동안 했다. 물론 실천 과정에서 농민은 1929~1933년의 강제 집산화로 박살이 났다. 농민이 사회주의는 물론 국가자본주의의 걸림돌이기도 하기 때문이었다. 하지만 강제 집산화는 이미 스탈린주의 이데올로기가 노동계급과 농민의 구별을 흐리게 만들어 버린 다음에 일어난 일이었다.

제국주의론 역시 변을 당했다. 룩셈부르크와 부하린과 레닌이 발전시킨 제국주의론은 세계자본주의의 최근 단계에 대한 분석 이론인데, 그 주장하는 바의 으뜸은 세계경제가 그 구성 요소인 모든 국민경제보다 우선한다는 것이었다. 일국사회주의가 이 점을 부정했던 것은 필연이었다. 실제로, 스탈린은 마르크스와 엥겔스가 '민족적' 사회주의에 명백히 반대했다고 지적하는 좌익반대파의 이의 제기에 맞서 자기 이론을 옹호하기 위해 일국사회주의가 마르크스 시절의 산업자본주의에서는 불가능했지만 '불균등 발전 법칙'이 특징인 제국주의에서는 정말로 가능하다고 주장하게 된다.[14] 스탈린주의는 이런 식으로 레닌주의 제국주의론의 알짜배기 분석 내용을 제거해, 그것을 딱히 마르크스주의 입장이라고 할 만한 것도 못 되는 단순한 반(反)식민주의로 격하시켜 버렸다.

마지막으로, 일국사회주의론은 마르크스주의 국가론을 엉망진창으로 만들어 버렸다. 이미 1934년에 스탈린은 소련에 사회주의가 확립됐다는 주장을 하고 있었다. 그 논거는 농민이 국가 고용인이 돼 감에 따라 더는 계급이 존재하지 않게 됐다는 것이다. 스탈린이 관료를 계급으로 보지 않았음은 물론이다. 마르크스주의대로라면, 계급 지배의 도구인 국가는 사회주의 사회에서는 소멸해야 마땅하다. 그러나 스탈린의 국가는 소멸할 생각일랑 추호도 없었고, 이 점은 아무리 선전을 해댄다 한들 도저히 감출 수 없는 사실이었다.

눈에 띄는 이 모순을 스탈린은 교묘하게 해결했다. 즉, 마르크스와 엥겔스는 사회주의를 국제적 현상으로 여겼기 때문에 국가가 소멸하리라고 기대했지만 사회주의가 오직 한 나라에만 존재할 때는 국가가 오히려 강화돼야 한다는 묘한 주장을 폈던 것이다.[15] 그것은 일종의 순환논법이었다. 그리고 그 순환성을 지적하는 사람들이 줄줄이 총알밥 신세가 되는 곳에서는 그런 논법도 잘 통하기 마련이다.

하지만, 설령 그런 논법으로 국가의 존재를 정당화했다손 치더라도, 그 국가의 계급적 성격이 어떠하냐 하는 문제는 여전히 남았다. 만일 소련이 계급 없는 사회라면, 그것이 딱히 노동자들의 국가일 수는 없었다. 그리고 소련이 사회주의 사회라는 주장에 담긴 뜻도 바로 그것이었다. 이 문제에 대한 해결책은 소련이 '모든 인민'의 국가가 됐다고 주장하는 것밖에 없었다. 이것은 마르크스가 《고타강령 비판》에서, 그리고 레닌이 《국가와 혁명》에서 맹렬하게 비판한 바 있는, 철저하게 부르주아적인 국가관이었다. 더욱이, 그것은 부르주아지가 자신이 지배계급임을 인정하지 않으려는 방편으로 늘 자기네 국가는 전체 인민의 국가라고 주장하는 것과 똑같은 이유로 스탈린주의 관료집단이 채택했던 국가관이기도 했다.

이제 스탈린주의와 카우츠키주의의 이데올로기적 유사점과 차이점들을 짚어 보는 것이 좋겠다. 이론과 실천의 통일을 꾀하는 마르크스주의와는 대조적으로, 둘은 모두 이론과 실천의 체계적 분리를 포함했다. 그리고 마르크스와 레닌이 국가를 지극히 적대시했던 것과는 대조적으로, 둘 모두 국가에 대한 강렬한 애착을 분명히 드러냈다. 아울러, 둘 다 국제주의에서 민족주의로 전락했다. 하지만 이러한 유사점들 못지않게 차이점들도 뚜렷하다. 카우츠키주의는 이론 면에서 마르크스주의를 무기력하게 했고, 이어서 실천에서는 그것을 훨씬 더 무기력하게 만들었다. 즉, 사회혁명(의회를 통한)을 말하고 부르주아지와의 화해를 실천했다. 스탈린주의는 말로는 카우츠키주의보다 더 혁명적이었지만, 그 실천은 말과 정반대였다. 즉, 프롤레타리아의 봉기와 독재를 말해 놓고서 노동계급에 대한 철저한 억압을 실천했다. 카우츠키주의는 국가의 힘에 두려움과 매력을 느꼈고, 따라서 국가를 타도한다는 생각을 꺼렸다. 스탈린주의는 완전한 이단 신앙인 국가숭배교를 퍼뜨렸다. 마르크스와 레닌이 프롤레타리아 독재를 이미 "반쯤 소멸한 국가" 또는 "더는 진정한 의미의 국가가 아닌 것"으로 여겼던 반면에,[16] 스탈린은 국가를 **무한히** 강화하는 것이야말로 사회주의로(심지어는 공산주의로) 가는 길이라고 봤다. 카우츠키주의는 1914년에 그래도 부끄러운 줄은 아는 듯한 얼굴로, '평화' 슬로건이라도 체면용으로 앞세우면서 민족주의에 머리를 굽혔다. 하지만 스탈린주의는 '일국사회주의'를 기치로 내세워 민족주의를 공공연히 마르크스주의 안에 끼워 넣음으로써 가장 조잡한 대러시아 국수주의로 전락했고, 심지어는 러시아 전제왕조의 제국주의적 과거를 찬양하기까지 했다.[17]

앞에 든 유사점과 차이점들은 두 이데올로기의 사회적 토대의 유사점과 차이점들을 반영하는 것이었다. 둘은 모두 노동계급 운동 과정에서 떠오른 관료집단의 이데올로기였다. 하지만 카우츠키주의 관료들이 프롤레타리아와 부르주아지의 중간에 서 있었던 반면에, 스탈린주의 관료들은 옛 부르주아지가 괴멸해 사실상 계급으로 존재하지 않게 되자 그 자신이 권좌에 앉게 됐다. 그 결과 카우츠키주의는 마르크스주의 가운데 "부르주아지가 받아들일 만한" 요소들을 앞세우는 온건하고 조심스러운 '마르크스주의'로 나타났던 반면에,[18] 스탈린주의는 부르주아지의 정서를 거의 또는 전혀 고려하지 않는 거만하고 인정머리 없는 '마르크스주의', 하지만 원래의 내용은 정반대로 뒤바뀐 '마르크스주의'로 나타났다. 그렇긴 해도, 카우츠키주의가 마르크스주의보다는 자기 맞수인 베른슈타인과 더 통하는 바가 많았던 것과 마찬가지로, 말로는 카우츠키주의를 비판하는 스탈린주의 역시 마르크스와 레닌의 혁명적 이론보다는 카우츠키주의 쪽에 훨씬 더 가까웠다.

스탈린주의를 국제적 현상으로서 검토해 보면, 사회민주주의와의 유사점들이 훨씬 분명해진다. 지금까지 우리의 관심은 소련 내의 스탈린주의에 집중돼 왔지만, 그것은 소련 밖에서도, 특히 스탈린주의 세계관을 재빨리 받아들였던 코민테른 소속 정당들을 통해 중요한 영향을 끼쳤다. 이 점에 대해서는 약간의 부연 설명이 필요하다.

코민테른은 출범 당시부터 러시아 대표부 손에 휘둘렸다. 그들이 코민테른 창립자인 데다 혁명의 성공이 그들의 권위를 뒷받침하고 있던 터라, 그런 상황은 충분히 예견되던 바였다. 그래도 출범 초기의 몇 년 동안에는 충실하고 자유로운 논쟁이 벌어졌고, 유럽쪽 공산당 지도자들은 비록 러시아 대표들의 관점이 대체로 우세한 상황이긴 해도 어쨌든 그들에게 이의를 제기할 수는 있다고 느꼈다. 하지만 1919년부터 1923년까지 유럽 대륙을 휩쓸었던 혁명운동이 패배로 끝나자 서구 정당들의 자신감은 한풀 꺾이고, 승리를 거둔 듯한 러시아인들에 대한 열등감은 한층 커졌다. 한편으로는 이런 상황을 등에 업고 다른 한편으로는 관료적 압력과 물질적 원조를 늘림으로써 소련은 코민테른을 원래의 목적인 세계 프롤레타리아 혁명의 길에서 벗어나게 할 수 있을 정도까지 그것에 대한 지배를 굳히고 강화했다.

이러한 방향전환을 매개했던 이데올로기도 바로 일국사회주의론이었다. 만일 사회주의의 확립이라는 주요 목표가 한 나라 안에서 달성될 수 있는 것이라면, 국제혁명은 이를테면 골라도 그만 안 골라도 그만인 일종의 덤 같은 것, 즉 실천활동의 길라잡이 구실을 하는 당장 필요한 것이 아니라 가끔 충성 서약이나 하면 되는 먼 훗날의 목표로 바뀌어 버린다. 그 결과들 가운데 하나는 다른 나라 공산당들로 하여금 소련의 '국경수비대' 구실이나 하게 하는 경향이 굳게 자리 잡은 것이었다. 그들의 으뜸가는 임무는 소련에 적대하는 군사 개입의 가능성을 봉쇄하는 것이었고, 이 목적을 위해 소련은 각국 공산당에게 잠재적 친구 및 동지들과 사이가 나빠지는 일이 없게끔 혁명활동의 수위를 낮추고 각자 자기 나라 부르주아지에 대해 개량주의적 압력집단 구실을 하도록 권장했다.

이 노선에 따라 먼저 중국 공산당이 이른바 '진보적' 부르주아 민족주의 정당인 국민당에 굴종해야 했다. 그 결과는 바로 그 국민당에 의한 1925~1927년 중국 혁명의 분쇄였다. 영국 공산당은 영국 노총(TUC) 집행부인 총평의회의 '좌파' 지도자들에게 복종했다. 그 지도자들은 영소노조위원회에서 '소비에트 러시아의 친구들' 행세를 하면서 1926년 총파업에는 등을 돌렸다. 또, 1930년대 중반에는 이 노선에 따라 스페인에서 민중전선이 결성됐고, 그 지도부는 소련과 부르주아 민주주의 국가들인 영국·프랑스 사이의 동맹 관계 형성을 돕는다는 구실로 스페인 혁명을(따라서 스페인 공화국도) 프랑코의 먹이로 던져 줬다. 그리고 제2차세계대전이 한창이던 1943년에는 동맹국들에 대한 우호의 표시로서 마침내 코민테른 자체가 해산됐다.

그런데, 이런 식으로 코민테른 소속 정당들을 마음대로 조종할 수 있으려면, 이데올로기는 물론 조직 면에서도 그것들을 변모시켜야만 했다. 각국 공산당 당원의 대다수가 자본주의를 타도하겠다는 일념으로 입당한 성실한 노동자들이었음은 의심할 여지가 없다. 만일 그들이 일국사회주의론을 받아들였다면, 그것은 그 노선에 담긴 뜻을 그들이 정확히 몰랐기 때문이었다. 게다가, 자신들의 계급적 처지 때문에 끊임없이 그들은 소련의 국경수비대 노릇을 뛰어넘는 식으로 행동하지 않을 수 없었을 것이다. 따라서 그들에게 수비대 역할을 떠맡기자면 각국 공산당의 자기 당원들 통제권을 빼앗아야 했다. 즉, 노동계급(그리고 그 안의 노동자 당원들)의 이익을 소련 지배관료의 이익에 종속시키는 것을 도울 각급 관료들로 구성된 관료화한 정당으로 각국 공산당을 변모시킬 필요가 있었다. 스탈린주의의 힘과 위신 그리고 자금 동원력을 생각한다면, 그것은 어렵지 않은 일이었다. 이미 1920년대 말에 코민테른과 그 소속 정당들은 전적으로 '신뢰할 만한' 스탈린주의 당료들 손아귀에 완벽하게 들어가 있었다.

그러나 이 과정은 한계를 내포한 것이었다는 사실도 분명히 알아둬야 한다. 코민테른 소속 정당들이 소련의 외교관들보다 더 효과적인 국경수비대 구실을 할 수 있으려면 뭔가 자기 힘을 가져야 했고 대중의 지지를 받아야 했다. 그리고 역사적 조건상 노동계급을 따를 만한 지지기반은 없었고, 그들의 지지를 획득·유지하려면 틀림없이 어느 정도는 그들의 요구를 수용해야 했다. 따라서 사회민주주의 관료들이 프롤레타리아와 부르주아지 사이에서 후자의 이익을 위해 중재자 노릇을 하는 것과 마찬가지로, 각국 공산당 관료들도 자기 나라 프롤레타리아의 이익과 소련 국가자본주의의 이익 사이에서 역시 후자를 위해 중재자 노릇을 했다.

뿐만 아니라, 일국사회주의는 국제 공산주의 안에 제2의 모순된 조류를 형성해 놓았다. 그것 자체가 소련에 적용된 민족주의 이론이었던 탓에 일국사회주의론은 각국 공산당이 민족주의로 나아갈 수 있는 근거를 제공해 줬다. 트로츠키는 당시에 이 점을 다음과 같이 지적했다.

> 만일 한 나라 안에서 사회주의를 실현하는 것이 어떤 식으로든 가능하다면, 사람들은 권력 장악 *이후*뿐 아니라 그 *이전*에도 그 이론이 옳다고 믿을 것이다. 만일 사회주의가 후진국 러시아의 국경선 안에서 실현될 수 있다면, 그것이 선진국 독일 내에서 실현될 수 있다고 믿을 이유는 훨씬 더 많다. …… 그것은 각국의 사회애국주의 노선에 따른 코민테른 붕괴의 시발점이 될 것이다.[19]

이 민족주의 경향은 처음에는 소련에 대한 충성에 압도돼 잠복해 있었다. 그러나 소련의 국경수비대 구실을 하고, 후진국 민족주의 부르주아지(중국)나 개량주의적 노조 지도자들(영국) 또는 '민주적' 부르주아지(스페인과 프랑스의 민중전선)와 우호관계를 맺으려 애쓰고 하는 과정 자체가 민족주의의 감염을 조장했다. 제2차세계대전 때까지는 민족주의 경향이 국경수비대론에 계속 눌려 있었다. 이는 세계대전을 제국주의 전쟁이라고 규정한 소련의 노선을 코민테른이 대체로 수용했던 사실에서 확인된다. 1941년 독일의 소련 침공에 자극받은 소련이 전쟁의 성격을 반파시즘 인민전쟁으로 규정해 노동계급의 독자적 투쟁을 완전히 중지할 것과 공산주의자들이 초(超)애국자 구실을 할 것을 요구하는 노선 전환을 한 뒤로는 민족주의 경향이 크게 세를 얻었다.

제2차세계대전 종전 후, 민족주의 경향은 비약적으로 성장했다. 공산당이 독자적 노력으로 권좌에 올랐던 나라들(중국·유고슬라비아·알바니아)에서는 민족주의 노선이 완전히 승리했고, 이것은 이 나라들이 소련과 공공연히 불화를 빚는 계기가 됐다. 민족주의 경향은 소련 군대가 권좌에 앉힌 공산당들(폴란드·헝가리·동독 공산당 등)과, 작거나 탄압을 받고 있거나 망명 상태에 있어 소련의 후원에 기댈 수밖에 없는 공산당들(예컨대, 그리스와 폴란드 공산당) 안에서는 여전히 약세를 보였다. 그리고 노동계급 대중의 지지를 기반 삼아 정권에 참여하고 싶어 안달하는 공산당들(대표적인 예는 이탈리아 공산당) 안에서는 민족주의 노선이 유력한 지위를 점하게 됐다.[20] 유러코뮤니즘 현상은 이러한 과정의 이데올로기적 반영이다.

후진국 스탈린주의 문제는 잠시 뒤로 미루고, 서구 스탈린주의의 진화과정을 추적하면서 우리가 추출한 요소들을 생각해 보라. 개량주의적 압력집단 정책, 노조 지도자들에 대한 의존, '진보적' 부르주아지와의 동맹, 민족주의, 그리고 관료 조직들. 그야말로 사회민주주의를 이루는 요소들의 복사판이 아닌가? 그렇다면 서구 스탈린주의의 이데올로기적 입장 ― 의회를 통한 사회주의 건설, 프롤레타리아 독재의 명백한 부정 등 ― 이 사회민주주의가 표방하는 입장과 점점 더 구별하기 힘든 쪽으로 변모해 온 것도 그리 놀랄 일은 못 된다. 유러코뮤니즘 좌·우파의 분열도 이러한 맥락 속에 자리잡고 있다. 좌파 유러코뮤니즘은 대체로 의회를 통한 신속한 사회주의 건설을 전망으로 제시한다는 ― 물론 대중의 지지라는 단서를 덧붙여 ― 점에서 거의 카우츠키주의의 복사판이라 할 수 있다.[21] 우파 유러코뮤니즘은 제휴(이탈리아 공산당이 말하는 '역사적 타협') 이상의 급진적 전망을 전혀 제시하지 않는다는 점에서 베른슈타인주의와 거의 한가지이며, 따라서 사회민주주의 좌파 전통의 오른쪽 곁가지라 할 수 있다.

결론을 내리자. 스탈린주의식 '마르크스주의'는 두 가지 형태를 취해 왔다. 첫째, 소련의 경우, 그것은 사회주의를 간판 삼아 자신들을 국가자본주의 지배계급의 자리에 올려놓았던 반혁명적 관료집단의 이데올로기였다. 둘째, 주로 유럽의 경우, 그것은 처음에는 소련 지배관료의 대리인 구실을 하는 각국 공산당 관료들의 이데올로기였다가 나중에는 홀로서기로 노동운동 진영 관료집단 일부의 이데올로기로 변모했다. 둘은 서로 다르며, 단순히 둘을 서로 같은 것으로 치부해서는 안 된다. 하지만 국제 노동자 혁명, 즉 전 세계 노동계급의 자기해방이라는 근본 문제에 대해서는 둘은 한통속이 돼 반대한다. 따라서 둘 모두 결코 진정한 마르크스주의 전통의 일부라고 할 수 없다.

제3세계에서 스탈린주의적 '마르크스주의'는 다소 다른 모습으로 발전했다.

6장
제3세계 민족주의

　제3세계 민족해방운동의 중요성을 가장 먼저 깨달았던 마르크스주의자는 레닌이었다. 그는 제국주의 분석을 통해 "극소수의 가장 부유한 선진 자본주의 국가들에 의한, 세계 인구 절대 다수의 식민지적·경제적 노예화"[1]를 설명하는 한편, 이러한 노예화가 해방을 위한 반란과 전쟁의 물결을 반드시 일으킬 것이라고 주장했다. 레닌은 서방이 주축이 되는 프롤레타리아 혁명과 동방이 주축이 되는 민족해방운동이 국제 동맹을 이뤄 제국주의 분쇄를 위한 합동 작전을 펴게 될 것으로 내다봤다. 따라서 레닌은 각국 공산당이 특히 자기 국가 자체의 제국주의에 대항하는 투쟁으로서, 이러한 민족주의 운동들을 지지하는 것이 매우 중요하다고 주장했다.

　그러나, 이 전략을 따를 경우 자칫하면 "억압받는 계급들, 즉 노동하며 착취당하는 사람들의 이익과, 실제로는 지배계급의 이익을 뜻하는 민족의 이익"을 구별해야 한다는 마르크스주의의 원칙이 흐

려질 수도 있다는 점 또한 레닌은 분명히 인식하고 있었다.² 따라서 레닌은 이 문제와 관련해 코민테른 제2차 대회에서 발표한 테제들을 통해 다음과 같이 강조했다.

…… 후진국들에서 일어나는 부르주아 민주주의적 해방운동을 마치 공산주의적인 양 비쳐지게 만들려는 것에 맞서 결연히 투쟁해야 할 필요성……. 코민테른은 식민지나 후진국의 부르주아 민주주의와 일시적 동맹 관계를 맺어야 한다. 그러나 그것과 하나로 합동이 돼서는 안 되며, 어떠한 상황에서든 프롤레타리아 운동의 독립성을 굳게 지켜야 한다. 설령 프롤레타리아 운동이 아주 초보적 발전 단계에 있는 경우라 하더라도 그렇다.³

레닌은 "제국주의 열강이 계획적으로 저지르는 사기", 즉 겉보기에는 정치적으로 독립했지만 경제와 군사 면에서 완전히 종속된 국가들을 세우려는 술책에 대해서도 경고했다. 그의 결론은 이러했다.

오늘날과 같은 국제 상황에서는 제국주의에 종속된 약소국들이 해방되는 길은 오직 하나, 곧 소비에트 공화국들의 연합을 이루는 것뿐이다. …… 전 세계 모든 나라의 프롤레타리아와 그 뒤를 따르는 근로인민 대중이 스스로 나서서 동맹과 단결을 위해 분투하지 않는 한, 자본주의를 완전히 패퇴시키기란 불가능하다.⁴

그러나 소련을 지지할 우방 획득의 필요성이 모든 것을 좌우했던 스탈린 시대에는, 코민테른의 정책은 레닌이 가지 말라고 했던 바로 그 방향으로 나아갔다. 그 전형적인 예는 물론 중국이었다. 중국 공산당은 부르주아 민족주의 조직인 국민당에 들어갔을 뿐 아니라, 국민당 창립자 쑨원(孫文)이 내세운 원칙들에 대한 비판 금지에 동의했고, 공산당원 명단을 국민당 지도부에게 넘겨줬다. 장제스(蔣介石)한테는 코민테른 명예회원 자격이 주어졌다.

제2차세계대전 종전 이후 소련이 미국과 세계 전역에서 세력 다툼을 벌이면서 상대 진영 안에서 일어나는 민족해방운동들에 대한 선별 지원을 중요한 전략 요소로 삼게 되자, 부르주아 민족주의 운동들을 "공산주의인 양 비쳐지게 만들"고 공산주의와 부르주아 민족주의를 하나로 합동하게 하는 과정은 더욱 촉진됐다.[5] 그 결과, 1950년대와 1960년대에는 제3세계의 경우에는 민족주의 정부와 민족주의 운동세력들이 거의 다 '마르크스주의'를 자처하고, 선진국들에서는 좌파의 대부분이 ― 비(非)스탈린주의 좌파와 심지어 일부 트로츠키주의적 좌파까지도 ― 민족해방운동과 사회주의 혁명을 사실상 같은 것으로 여길 지경이었다.

민족주의 운동들은 바로 그 민족주의라는 성격 탓에 실천과 이론이 천차만별일 수밖에 없고, 따라서 분석가가 보기에는 어느 하나도 나머지의 '표본' 노릇을 할 수가 없다.(독일 사회민주당, 곧 SPD가 제2인터내셔널의 표본 노릇을 할 수 있었던 것과 비교해 보라.) 그래서, 그러한 운동들에서 탄생한 이데올로기 체계들을 모두, 아니면 다만 여럿이라도 설명하는 것도 이 소책자에서는 언감생심이다.

따라서, 이 글에서는 제3세계의 민족주의적 '마르크스주의'를, 그것이 실천에 옮겨질 때마다 거의 예외 없이 핵심 쟁점이 돼 왔던, 민족 독립을 위한 게릴라 전쟁이라는 문제를 중심으로 검토하기로 한다. 이때 특히 주목하게 되는 것은 게릴라 전쟁형 혁명을 '가장 순수한 형태'로 수행한 두 나라, 중국과 쿠바다. 마오쩌둥주의가 영락없는 스탈린주의로 출발해 독자적 전략을 개발하다가 권력을 잡은 뒤로는 소련과 갈라서게 되는 반면, 카스트로주의는 처음에는 공산주의도 마르크스주의도 아니었다가 결국은 소련 진영에 합류하더니 권력을 잡은 뒤에는 '마르크스주의' 이데올로기를 받아들이게 되는 등 서로 대조적인 길을 걸었다는 점에서도 이 두 나라는 흥미를 끈다. 이렇게 문제를 다루는 방식이 썩 적절한 것은 아니지만, 그래도 이러한 유의 '마르크스주의'의 본질과 그 계급 기반을 밝히는 데는 부족함이 없을 것이다.

게릴라전은 무엇보다도 혁명투쟁의 중심지를 도시에서 농촌으로 옮긴다는 것을 뜻한다. 그런 방식을 처음으로 택한 '마르크스주의자'는 마오쩌둥이었다. 그는 그 방법을 1927년에 국민당이 중국 노동계급에게 가했던 탄압에 대응하기 위한 방편으로 삼았다. 즉, 1927년의 대학살을 피해 살아남은 중국 공산당 당원들을 도시 지역에 대한 장제스의 공포 통치로부터 구한다는 것이었다.[6] 마오쩌둥은 그것을 위해 처음에는 장시(江西)로 옮겼다가 그 곳이 장제스 군대의 공격을 받자 나중에는 중국에서 가장 낙후된 오지인 옌안(延安)까지 경이적인 대장정 길에 오른다. 이처럼 군대와 경찰이 농촌 지역에서는 혁명가들을 추적하는 데 훨씬 더 애를 먹는다는 실천적 고려를 그 후 게릴라전 옹호자들은 가장 중요하게 여겨 왔다. 쿠바의 에르네스토 체 게바라가 "비합법 노동운동이 엄청난 위험에 처해 있다"고 지적한 뒤 다음과 같은 말을 덧붙인 것도 같은 맥락에서 이해할 수 있다. "사방이 트인 농촌에서는 상황이 그렇게 어렵지 않다. 주민들은 진압군의 손길이 미치지 못하는 곳에서 무장 게릴라군의 보호를 받을 수 있다."[7]

그러나 게릴라전은 투쟁 중심지의 이동만을 뜻하는 게 아니다. 투쟁의 사회적 내용 또한 달라진다. 노동자는 노동자이기를 포기하지 않고서는 게릴라가 될 수 없다. 그리고 노동계급 전체나 그 대다수가 농촌 게릴라전에 참여하는 것 또한 명백히 불가능하다. 그렇다면, 어떤 사회계급이 노동계급 대신에 혁명을 수행하는가? 게릴라전 이론가들이 내놓는 제1답은, '농민'이다.[8]

이렇게 농민을 프롤레타리아의 대역으로 삼는 것이 마르크스주의에 모순된다는 점은 이미 이 책 1부에서 입이 닳도록 지적한 바 있다. 그러나 그것이 단지 농민의 혁명 수행 능력에 대한 마르크스(그리고 레닌)의 정밀한 판정에 어긋난다는 데 그치는 문제가 결코 아니라는 점을 새삼 강조해 둘 필요가 있다. 이미 살펴봤듯이, 마르크스주의는 프롤레타리아를 자신의 기반으로 여긴다. 노동계급은 혁명의 도구가 아니다. 오히려 혁명이 노동계급의 도구다. 왜냐하면 인류를 더 발전한, 계급 없는 사회 단계로 인도해 줄 생산력 및 생산관계와 결합하고 그것들을 구현하는 것은 오직 노동계급뿐이기 때문이다.

따라서 일국사회주의론을 마르크스주의에 끼워 넣으려다 보니 그 뒤로 마르크스주의에 온갖 수정을 가할 수밖에 없었듯이, 농민 사회주의 혁명론도 역사유물론의 구조를 완전히 뒤엎어 놓았다. 농민은 자본주의 이전 단계 생산관계의 산물이지, 자본주의의 산물이 아니다. 만일 농민이 사회주의적 계급이라면, 지난 수천 년 역사 중 어느 때라도 사회주의 혁명이 가능했을 것이다. 그리고 자본주의와 산업혁명은 인류 역사에서 필요 없는 단계였을 것이고, 생산력 발전이 하는 결정적 구실도 완전히 사라질 것이다. 그렇다면, 필요한 것은 오직 의지력과 올바른 사상뿐일 것이다.

마오쩌둥주의자들과 그들의 사상적 동반자인 샤를 베뜰랭 같은 사람들이 바로 그런 생각을 가지고 있는 사람들이다. 중국이든 어디든 아무리 경제적으로 뒤떨어진 가난한 곳에서도 올바른 정치 지도부만 있으면 사회주의를 건설할 수 있다는 그들의 주장에서 이 점은 명백히 드러난다.[9] 또, 혁명가들(게릴라들)이 스스로 혁명 상황을 조성할 수 있으니 그런 여건이 객관적으로 성숙할 때까지 기다릴 필요가 없다는 카스트로·게바라·드브레이의 주장에서도 그런 생각이 나타난다.[10] 그 결과는 마르크스주의 본연의 유물론이 아니라 터무니없는 관념론이다.

이 문제점을 극복하는 한 방편으로, 그래도 마르크스주의 전통(스탈린주의가 왜곡한)에 조금은 충실하고자 했던 마오쩌둥 같은 이들은 농민에 대한 "프롤레타리아의 지도"라는 말을 입에 달고 다녔다.[11] 그러나 중국 혁명에서 프롤레타리아가 아무 역할도 못 했음을 생각한다면(마오쩌둥은 1949년에 "모든 직장의 노동자와 고용인들이 예전과 다름없이 일하고, 기업도 평소처럼 운영하기 바란다" 하고 쓴 바 있다[12]), 그 말이 뜻하는 바는 '프롤레타리아' 당의 지도일 수밖에 없었다. 그리고 중국 공산당에는 노동계급 당원이 사실상 전무했으므로,[13] 그것은 다시 '프롤레타리아' 이데올로기의 지도를 뜻할 수밖에 없었다. 여기서 우리는 다시 한 번 관념론을 목격하게 된다. 자신의 사회적 기반에서 분리된 이데올로기가 다른 사회계급 쪽으로 옮아가 그 계급의 성격을 완전히 다시 만든다는 것이다.

실제로, 마오쩌둥주의는 온통 극단적 관념론과 그것의 천박한 표현인 '수령'론 투성이다. 지도자가 스탈린에서 흐루시초프로 바뀜에 따라 소련의 프롤레타리아 독재가 부르주아 독재로 변질됐다고 보는 것, 계급 용어들(부르주아지, 지주 등)을 도덕적 딱지로 사용하는 것,[14] 우습게도 '마오쩌둥 사상'을 종교처럼 숭배하고 인간 마오쩌둥을 "위대한 영도자"니 "지지 않는 태양"이니 하며 신주 모시듯 떠받드는 것[15] 등, 그 예는 아주 다양하다.

우리는 스탈린 숭배가 그의 권력 장악 후에야 시작됐던 반면에 마오쩌둥 숭배는 권력 장악 전에 이미 시작됐다는 사실을 눈여겨봐야 한다. 그 까닭은 이렇다. 혁명적 노동계급이 지도자를 신처럼 숭배하는 것을 눈 뜨고 못 볼 것은 뻔한 이치라서 스탈린은 지배 기반 확립에 앞서 노동계급을 두들길 수밖에 없었던 반면, 농민이 중심이 된 반란에서는 그 지도자가 반쯤은 신으로 여겨지는 것이 관례였다. 김일성·호치민·피델 카스트로·체 게바라 숭배를 생각해 보라.

사실, 이 조잡한 관념론은 민족해방론자들이 내세우는 '마르크스주의'들뿐 아니라 내놓고 마르크스주의를 거부하는 민족운동들에서도 두루 발견되는 속성이다.(간디를 보라. 국민당의 쑨원 숭배를 보라.)

그들의 '마르크스주의'는 물구나무선 마르크스주의다. 거기서는 사회적 존재가 사회적 의식을 규정하지 않는다. 오히려 사회적 의식(지도)이 사회적 존재를 규정한다. 만에 하나 농민 게릴라전 이론가들이 일관성이 있다면, 그들은 마르크스주의를 완전히 부정하게 될 것이다. 정말이지, 만일 그들의 핵심 주장 — 게릴라전이 사회주의로 가는 길이라는 — 이 진실이라면, 마르크스주의의 근본 전제들은 부정되고 만다. 하지만 중국과 쿠바와 베트남 같은 나라들이 과연 사회주의 사회인지는 나중에 따지기로 하자. 먼저 따져 볼 문제는 게릴라군과 농민의 관계가 어떠하냐는 것이다. 그리고 게릴라주의 이론들의 관념성을 생각한다면, 그 관계가 이론가들의 주장과는 딴판이리라는 것은 바로 짐작이 가는 일이다. 왜냐하면 관념론에는 사회적 토대가 있으며, 그 토대란 남의 노동 덕분에 먹고 사는 처지에 자기네 생각이 사회의 결정적 요인이라는 믿음을 갖게 된 계급 또는 계층들이다.

이 문제를 해명하려면, 마르크스가 《루이 보나파르트의 브뤼메르 18일》에서 제시한 프랑스 농민에 대한 분석으로 되돌아갈 필요가 있다.

그 수가 엄청난 소농들은 비슷한 생활조건 속에서 살면서도 서로 다양한 관계는 맺고 있지 않다. 소농적 생산양식은 그들을 서로 교류하게 하는 게 아니라 뿔뿔이 갈라 놓는다. …… 무수히 많은 가구가 경제적 존재 조건으로 말미암아 생활양식, 이해관계, 문화 면에서 다른 계급들과 구별될 뿐 아니라 서로 적대하는 상황에 놓이게 된다면, 그들은 하나의 계급을 이룬다. 하지만 이 소농들의 상호관계가 각 지역에 국한되고 이해관계의 동일성이 전체를 아우르는 공동체의 창출로 이어지지 않는다면, 그들은 계급을 이루지 못한다. 따라서 그들은 자기 계급 이익을 자기 자신의 이름으로 현실화하지 못한다. …… 그들은 자신들을 대표할 수 없으며, 그래서 다른 누군가가 그들을 대표할 수밖에 없다. 그들의 대표자는 틀림없이 그들의 주인이자 그들 위에 군림하는 권력자로서, 무소불위의 통치권력으로서 나타나 다른 계급들에 맞서 그들을 보호하고 그들에게 위로부터 비와 햇빛을 하사하게 될 것이다.[16]

앞 글에서 마르크스는 사회적 존재 조건에 따라 규정된, 농민의 근본 성격을 명쾌히 밝히고 있다. 즉, 농민에게는 자기해방 능력이 없다는 것이다. 농민도 투쟁할 수 있다. 그것도 아주 맹렬하게 부쟁할 수 있다. 하지만 농민은 사회의 지배계급은 될 수 없다. 전투에서는 얼마든지 농촌이 도시를 이길 수 있어도, 전쟁을 이기지는 못한다. 생산력의 중심지인 도시를 농촌이 경영한다는 것은 불가능한 일이기 때문이다. 1381년의 와트 타일러, 1910년대 멕시코의 에밀리아노 사파타, 그리고 중국 역사에서 늘 되풀이됐던 수많은 농민 반란들이 그 예다.[17] 농민이 전국적 정치세력으로 결집하려면 농촌 밖의 도시에서 형성된 계급 또는 계급 일부의 지도를 받아야 한다. 마르크스와 레닌과 트로츠키는 노동계급이 그 지도를 맡아야 하며 그 방법은 '농촌으로 가는' 것이 아니라 도시에서 국가를 타도하기 위해 싸우는 것이라고 봤다. 그 반면에 마오쩌둥·카스트로·게바라 등은, 거의 전부가 도시 지식인 출신인(그리고 그럴 수밖에 없는) 게릴라 간부들과 사령관이 [농민에 대한] 지도를 맡아야 한다고 봤다.

그러면, 게릴라전에서 지도부와 농민의 관계는 어떠한가? 첫째, 게릴라군의 일반 병사는 그 절대 다수가 농민이지만, 그렇게 참여할 수 있는 농민은 극소수에 불과하다.(쿠바의 경우, 카스트로가 이끌던 무장 병력은 기껏해야 몇천 명이었다. 중국에서는 그 수가 꽤 많아서 대장정이 시작됐을 때 30만 명, 그것이 끝났을 때 2만 명, 전쟁이 최고조에 달했을 때 몇백만 명이었지만, 그래도 5억 중국 농민의 극히 일부분에 지나지 않았다.) 게릴라전의 핵심은 기동성과 치고 빠지기 작전이므로, 이것은 어쩔 도리가 없다.

또, 전술이 그렇다 보니 농민 게릴라는 농부 노릇은 아예 포기하고 전문 군인이 될 수밖에 없고, 따라서 그의 행동과 사상은 원래의 계급 기반에서 분리돼 중간계급 출신 지휘관이 요구하는 군사 규율의 영향을 받으며 변한다. 이것은 레닌주의 당 안에서 노동자들과 지식인들이 맺는 관계와는 전혀 딴판이다. 레닌주의 당에서는 노동자 당원들은 변함없이 노동자로 일하며, 지식인들의 경우에는 물론 참여는 필요하지만 그러려면 반드시 프롤레타리아 투쟁의 관점과

규율을 받아들여야 한다.[18]

또한, 게릴라 군대와 농민 일반의 관계도 레닌주의 당과 노동계급의 관계와는 전혀 다르다. 레닌주의 당은 투쟁에서 노동계급 전체가 계급의 이해관계를 깨닫도록 이끄는 데 관심을 기울이는 반면에, 게릴라군은 농민 대중을 대신해 행동하는 데 관심을 가진다. 물론 게릴라군은 농민의 지지를 필요로 하며, 그 보답으로 보호를 제공하고 토지개혁이라는 인센티브를 제공한다. 게바라는 게릴라전 전략에 본질로 내재해 있는 관념론적 엘리트주의의 진면목을 무의식 중에 분명하게 드러낸 바 있다.

> 우리는 이미 게릴라 전사(戰士)란 해방의 염원을 민중과 공유하는 사람이며 평화적 수단이 다하면 투쟁을 시작하고 민중의 무장 전위로 변신하는 사람이라고 밝힌 바 있다. 그는 투쟁을 시작하는 바로 그 순간부터, 부당한 질서를 처부숴야겠다는 생각을, 따라서 낡은 질서를 새 질서로 갈아치울 생각을 굳이 겉으로 나타내지 않고 마음속으로 한다. 우리는 또한 앞에서 …… 경제가 제대로 발전하지 못한 나라들에서는 거의 예외 없이, 투쟁에 이상적 조건을 제공하는 곳은 농촌이라고 말한 바 있다. 그러므로 게릴라 전사가 건설할 사회구조의 기초를 닦는 일은 농토의 소유권 변경에서 시작된다.[19]

정의로운 사회질서에 대한 그의 이상을 가진 게릴라 전사, 게바라의 말마따나 "개혁의 참 사제"가 우선한다. 그는 군사적 판단을 바탕으로 활동 근거지를 선정하며, 토지개혁 강령을 내놓는다. 게바라의 말은 다음과 같이 계속된다.

> 농민은 기술·경제·윤리·문화 면에서 언제나 남의 도움을 받아야만 한다. 게릴라 전사는 이를테면 지상에 파견된 수호천사가 돼, 언제나 가난한 사람들을 돕고 전쟁 초기에는 부자들도 되도록 덜 괴롭힐 것이다.[20]

마오쩌둥이 이끌던 홍군(紅軍)도 농민을 대할 때 지켜야 할 엄격한 행동지침을 하달받고 있었다. "공손하라. 능력이 닿는 한 도움을 아끼지 말라. 빌린 물건은 모두 돌려주어라. 손상된 물건은 다른 것으로 바꿔 주어라. 모든 물건은 반드시 값을 치르고 구입하라……등등.[21] 그런데, 이러한 도덕적 훈령들이 필요한 것은 농민과 게릴라 사이의 세력관계 때문임을 우리는 놓치지 말아야 한다. 왜냐하면 실제로는 끊임없이 다른 식으로 행동하고 싶은 유혹이 있었다는 것을 뜻하기 때문이다. 가령 어떤 노동자 조직이 자기 조직원들을 공장 정문들로 보내면서 다음과 같은 지시를 내린다 할 때 그 이유가 무엇이겠는지 상상해 보라. "노동자들을 억지로 잡아끌지 마시오. 우리 신문을 사라고 강요하지 마시오."

게릴라 부대의 엘리트주의는 그들이 문화 수준이 높아서 그런 것이 아닐 뿐 아니라, 무장을 하고 있어서 그런 것은 더더욱 아니다. 엘리트주의의 진짜 원인은 계급 목표들이 서로 다르다는 것에서 찾아야 한다. 농민의 근본 목표는 토지 소유다. 한편, 게릴라 지도부를 이루는 혁명적 지식인들의 근본 목표는 민족해방을 달성하는 데 지렛대 노릇을 하는 국가권력을 장악하는 것이다. 그 지식인들은 농민을 이용해 농민이 아니라 자신을 권좌로 밀어 올린다. 마오쩌둥이 이끌던 군대와 당이 그 예였다. 대일 항전 당시 중국 공산당은 범민족연합을 유지한다는 명분을 앞세워 농민의 자생적 토지 접수 투쟁을 끊임없이 억눌렀다.[22]

알제리의 경우처럼 공식적 식민지 상태에 반대하는 투쟁이든 아니면 쿠바의 경우처럼 제국주의의 앞잡이 노릇을 하는 정권에 반대하는 투쟁이든 간에, 억압당하는 민족의 해방투쟁은 진보이며 따라서 우리는 그것을 지지해야 마땅하다. 그러나 그 투쟁은 본질적으로 여전히 부르주아지의 민주주의적 과제다. 민족국가는 자본주의의 산물이며, 프롤레타리아의 임무는 국가별로 쪼개진 현재의 세계 상황을 극복하는 것이다. 따라서, 다같이 민족해방을 지지한다 하더라도, 마르크스주의자와 부르주아지·쁘띠부르주아지는 지지 동기와 방법이 서로 다르다. 부르주아지 또는 쁘띠부르주아지는 민족해방을 지구 한 귀퉁이에 자기네가 통치할 영토를 마련하기 위한 투쟁으로 여긴다. 따라서, 그들은 민족해방을 최우선의 목표로 삼으며, 그를 위해 온 '민족'이 힘을 합쳐야 한다고 주장한다. 그러나 마르크스주의자들은 민족해방을 수단으로 여길 뿐이다. 즉, 전 세계 노동계급이 끝내는 '노동자 공화국들의 연방' 안에서 자유롭게 하나 되는 것을 가로막는 민족억압을 제거하기 위한 투쟁으로 여기는 것이다.

따라서 이 투쟁에서 프롤레타리아는 계급의 독립성을 굳게 지켜야 한다. 부르주아지와 쁘띠부르주아지가 만족해 안주하려 할 사회·국가 개혁의 한계를 뛰어넘어 **연속혁명** 과정을 진행시키기 위해서 말이다.

지금까지 살펴봤듯이, 게릴라전 전략은 (노동자 혁명을 보조하는 역할을 하는 경우를 제외하고는) 이러한 프롤레타리아 국제주의의 관점과 명백히 모순된다. 그리고 이론과 실천 어느 면으로 보나, 제3세계의 민족주의적 '마르크스주의자들' 가운데 단 한 사람도 민족주의의 한계를 뛰어넘지 못했다는 것 또한 명백하다. 다른 쟁점들은 그만두고 이 점만 보더라도, 그들이 말하는 '마르크스주의'의 계급적 기반은 프롤레타리아가 아니라 쁘띠부르주아지임을 알게 된다.[23]

이제 한 가지만 더 검토하고 결론을 내리기로 하자. 일단 민족해방을 달성하고 나면, (국제혁명 속에서 그 한계가 극복되지 않는 한) 민족해방 운동가들은 세계자본주의의 치열한 각축장 안에서 그것을 공고히 하고 유지해야 한다. 결국, 농민전쟁에 힘입어 권좌에 오른 쁘띠부르주아 게릴라 엘리트는, 내전으로 노동계급이 풍비박산한 직후의 볼셰비키 엘리트와 같은 처지에 놓이게 된다. 물론 국제적 혁명 정당을 통해 세계 노동계급과 유기적으로 연결돼 있지 않다는 점은 다르지만 말이다.[24] 따라서 게릴라 엘리트는 스탈린주의의 길을 선택할 수밖에 없게 된다. 즉, 노동자·농민을 착취해 자본을 축적함으로써 경제 성장을 이루려고 기를 쓰게 되고, 그것은 곧 게릴라 엘리트가 새로운 지배계급으로 자리를 굳혀야 함을 뜻한다.[25]

이 상황에서는 두 가지 일이 일어난다. 첫째, 민중을 위해 헌신하는 고귀한 게릴라에 대한 숭배가 민족을 위한 노동계급(그리고 농민)의 자기희생이라는 이데올로기로 변모된다. 사회주의가 금욕주의의 교리로 바뀌는 것이다.(서방에서는 베틀랭 같은 자들이 '경제주의 비판'의 일환으로 그러한 금욕주의를 칭송한 바 있다.) 둘째, 민족주의 혁명 과정에서 형성되는 듯했던 급진적이고 변화의 여지가 풍부한 사회구조가 스탈린주의 관료의 일당 국가라는 틀에 끼워 맞춰진다. 따라서, 제3세계 민족주의가 소련 스탈린주의와 비슷한 것은 단지 이데올로기와 조직의 기원이 같거나(중국이 그렇다. 쿠바는 아니다), 소련의 원조에 기댈 필요가 있었기 때문(쿠바가 그렇다. 중국은 1960년대 초 이후로는 그렇지 않다)만은 아니다. 그러한 유사성은 공통된 계급 처지와 공통된 경제적 과제에서 비롯하는 것이다.

결론을 내리자. 제3세계 민족주의자들이 내세우는 '마르크스주의'는 그 기원을 보건대 카우츠키주의와 스탈린주의와 마찬가지로 프롤레타리아 혁명의 이데올로기가 아니다. 그것은 노동과 자본 사이에 있는 쁘띠부르주아지의 일부가 지지하는 이데올로기다. 카우츠키주의와 스탈린주의의 경우, 그 일부란 노농계급을 발판 삼아 입신출세한 노동운동계의 관료 집단이었다. 제3세계 민족주의의 경우, 그것은 제국주의에 억압당하는 중간계급 지식인들이다. 카우츠키주의나 스탈린주의와는 달리, 제3세계 민족주의는 민족해방이라는 과제를 달성하지 못하는 동안에는 모종의 '혁명적' 내용을 지닌다. 소련과 동유럽의 스탈린주의와 마찬가지로(그러나 카우츠키주의나 서구의 스탈린주의에는 해당되지 않는데), 제3세계의 민족주의 지식인들은 특정 상황[26]에서는 지배계급이 될 수도 있다. 하나의 이데올로기로서 제3세계 민족주의는 형태 면에서 카우츠키주의나 스탈린주의보다 마르크스주의에서 훨씬 더 멀리 떨어져 있다. 그것이 마르크스주의로 또는 마르크스주의의 한 갈래로 받아들여질 수 있었던 것도, 따지고 보면 다 그 전에 스탈린주의가 진정한 전통을 왜곡의 산더미 아래 파묻어 버린 데다 1950년대와 1960년대에 프롤레타리아 마르크스주의가 극도로 약화됐기 때문에 가능한 일이었다.

그렇기 때문에, 카우츠키주의와 스탈린주의와 제3세계 민족주의는 차이점도 많지만 공통점도 많다. 그 가운데 가장 두드러진 공통점은 민족국가(민족주의와 국가소유)에 헌신하고 노동계급의 자기해방을 배격한다는 점이다. 이것들은 어떤 다른 역사적 경로를 거쳐 도달한 특징들인데, 일찍이 엥겔스는 《반뒤링론》에서 그것들을 자본주의 발전의 최종 단계의 핵심 특징들로 분석한 바 있다.

형태가 어떻든 근대 국가는 본질이 자본주의의 장치, 즉 자본가들의 국가로, 일국 총자본의 관념적 의인화이다. 근대 국가가 생산력 장악으로 나아가면 나아갈수록 실제로 그것은 그만큼 더 국가자본가가 되며, 그만큼 더 많은 주민들을 착취한다. 노동자들은 여전히 임금노동자 ― 프롤레타리아 ― 인 채로 남아 있다. 자본주의적 관계는 폐지되지 않는다. 오히려 그것은 그냥 내버려 둘 수 없을 만큼 악화된다.[27]

결국 이러한 '마르크스주의들'은 프롤레타리아의 계급적 입장을 포기함으로써 자본주의의 다음 단계를 지지하는 것으로 끝나고 말았다.

지금까지 우리는 마르크스 사후에 등장했던 마르크스주의의 주요한[28] 변형들을 훑어봤다. 이제 우리의 출발점, 곧 마르크스주의의 진정한 전통은 무엇인가 하는 문제로 되돌아가자.

7장
진정한 마르크스주의 전통

진정한 마르크스주의 전통을 가려내는 것은 어렵지 않다. 그것은 마르크스와 엥겔스로부터 제2인터내셔널 내의 혁명적 좌파(특히 러시아와 독일의)로 이어지고, 러시아 혁명과 코민테른 초기에 절정에 도달하고, 가장 어려운 상황에서 1930년대에 좌익반대파와 트로츠키주의 운동으로 이어지고 있다. 이러한 전통의 역사와 이론은 우리 정치적 경향¹에 속한 사람들이 아주 많이 분석했고 방어했으며, 필요한 경우에는 비판했기 때문에 여기에서는 약간의 일반적 고찰만 하면 될 듯하다.

진정한 마르크스주의 전통은 그것을 세운 사람들(마르크스와 엥겔스)의 뒤를 이어 레닌, 로자 룩셈부르크, 트로츠키를 주된 대표자로 갖고 있는 전통이다. 그러나 그들은 그들보다 공헌이 조금 적은 여러 사람들 — 프란츠 메링, 클라라 체트킨, 초기의 부하린, 제임스 코널리, 존 맥린, 빅토르 세르쥬, 알프레드 로스메르 등과 수많은 노동계급 투사들 — 로 둘러싸여 있다.

그것은 언제나 이론과 실천을 통일하려 하고 그래서 물려받은 지혜나 고정된 교의에 결코 만족하지 않고 마르크스주의를 변화하는 세계에 적용하려고 노력해 온 전통이다. 그것의 가장 중요한 공헌들에는 당에 관한 이론들(레닌), 대중파업(로자 룩셈부르크), 연속혁명(트로츠키), 제국주의와 세계경제(로자 룩셈부르크, 부하린, 레닌, 트로츠키), 스탈린주의의 반혁명적 역할(트로츠키), 파시즘(트로츠키), 마르크스주의 철학에서 행동가적·변증법적 요소의 부활(레닌, 그람시, 루카치)이 포함된다.

그것은 1917~1923년의 혁명기를 제외하고는 극소수의 전통으로 존재해 왔다. 이것은 불행하지만 피할 수 없는 일이다. 지배적 사상은 지배계급의 사상이고 노동자 대중은 혁명투쟁을 통해서만 혁명적 의식에 도달한다. 그래서 대중 마르크스주의 운동과 자본주의는 영구히 공존할 수 없다. 그러한 운동이 존재한다는 사실 자체가 자본주의 질서에 대한 위협이다. 그러한 운동이 현실화되지 않는다면 그와 같은 위협은 제거될 것이다. 따라서 그것은 따지고 보면 노동계급의 전진과 후퇴를 반영해 전진하고 후퇴하는 전통이다.

그것은 획일적 전통이 아니라 열띤 논쟁이라는 특징을 갖는 전통이다(당과 민족문제에 대한 레닌과 로자 룩셈부르크의 논쟁, 러시아 혁명의 성격에 대한 레닌과 트로츠키의 논쟁, 1917년 전후에 볼셰비키 당 안에서 벌어진 논쟁을 생각해 보라). 또한 그것은 잘못이 없는 전통이 아니다(트로츠키가 러시아를 노동자 국가라고 분석한 것을 보라). 그러나 그것은 계급에, 그러니까 세계 노동계급에 바탕을 두고 결속해 있으며,[2] 그리하여 각각의 마르크스주의자 세대가 자신보다 앞선 세대가 쌓아 올린 성과에 바탕을 두는, 중요한 의미에서 계속 쌓아 올려진 전통이다.

또한, 그것은 **우리**의 전통이다. 영국 사회주의노동자당과 그 국제 자매조직들은 30년 이상 그러한 전통을 계승하고 발전시키려고 노력해 왔다. 역사적 상황은 아직은 우리가 전쟁, 혁명, 반혁명의 불길과 맞부딪히게 하지 않았다. 이것들은 운동과 이론이 검증받게 하고 그것들의 부적절한 측면들을 드러내는 동시에 그것들이 충분한 능력을 얻게 하는 조건들이다. 그래서 이론과 실천에서 우리가 얻은 성과는 우리 선배들이 쌓아 올린 성과에 비하면 새발의 피로 보인다. 그럼에도 우리의 주요한 이론적 공헌과 독특한 정치적 입장 — 스탈린주의 국가들에 대한 국가자본주의론적 분석, 제3세계의 빗나간 연속혁명에 대한 이론, 군비경제 호황과 새로운 경제 위기에 대한 분석, 노동조합에 대한 비판 — 은 두 가지 공통점을 갖고 있다. 그것들은 세계를 변화시키기 위한 투쟁에서 노동자 운동이 직면한 현실 문제들에 대한 대답으로서 발전돼 왔고, 노동계급의 자기해방이라는 마르크스주의의 근본 원리를 출발점으로 삼아 왔고 결론으로서 강조하고 있다. ≪'좌익' 공산주의≫('Left-Wing' Communism)에서 레닌은 이렇게 썼다. " …… 올바른 혁명 이론은 …… 진정으로 대중적이고 진정으로 혁명적인 운동의 실천활동과 긴밀하게 연관되는 경우에만 최종 형태를 갖춘다." 그러한 이론과 실천의 통일을 이루는 일이 앞으로 우리가 직면한 주된 과제임은 말할 나위가 없다.

옮긴이 후기

이 책의 지은이 존 몰리뉴는 영국 포츠머스대학교 '예술사와 철학' 분야 교수로 재직하고 있다. 하지만 그는 강의·강연·연구에만 몰두하는 학술적 마르크스주의자가 아니다. 사회주의노동자당(SWP) 당원으로서 그는 집회와 시위 등의 정치 활동을 몸소 조직하는 활동가이고, 그런 만큼 마르크스주의가 실천, 곧 사회주의적 노동자 운동을 바탕으로 해야 함을 역설하고 있다.

물론 모든 마르크스주의자 교수가 다 학술적 마르크스주의만을 추구하는 것은 아니다. 대부분은 상아탑의 책상물림이지만, 소수는 명백히 현실 참여적인 인사들이며, 그 중간 부류도 있다. 활동가들은 현실 운동에 연루하기를 꺼리지 않는 현실 참여적 마르크스주의자 교수들을 환영해야 하고 그들의 직업 때문에 그들에 대해 부정적 편견을 갖지 말아야 한다.

학술적 마르크스주의는 학계의 전통·인습·관행·가치·규범·취향·선호·금기 등을 존중하는 종류의 '마르크스주의'다. 학계가 가장 중시하는 가치는 치우치지 않고 중립성을 지킨다는 회색의 관조적 태도다. 또한 학자들은 대부분 일부러 구름 잡는 듯한 말을 하고 밀교적 언어를 사용한다. 학계에서는 교수직을 얻기 위해서 자신의 사상이 난해하고 학문적으로 진지하다는 인상을 교수 채용 권한이 있는 대학 권력자들에게 보여 줄 필요가 있다. 그래서 상투적인 통념에 지나지 않는 견해를 어려운 일어식 한자어로 된 용어로 치장하고, 단 몇 쪽의 문서로 설명할 수 있는 내용을 수십 쪽의 논문, 심지어 수백 쪽의 책으로 내놓는 것이다. 그래서 학술적 마르크스주의는 마르크스주의가 실제 현실과 무관한 도그마라는 인상을 준다. 그래서 공장이나 사무실, 병원 등지에서 주 40시간이나 그 이상 일하는 보통 사람들이 마르크스주의를 이해해 보려 엄두도 못 낼 일이라고 지레 포기하게 만드는 데 일조한다.

그럼에도 활동가들은 "대중성"을 내세우면서 실제로는 노동운동의 통속성 또는 심지어 저속성을 고무하거나 반지성주의적 태도나 지식인 불신 풍조를 조장해서는 안 된다. 역사상 무지나 우매함 또는 천박한 실용주의는 사회 변화를 반대하는 자들에 의해 언제나 쉽게 이용될 수 있었다. 활동가들은 학술주의의 약점을 극복한 마르크스주의자 — 대학에 있든 그렇지 않든 간에 — 가 돼야 한다. 그람시가 "유기적 지식인"이라고 부른 바로 이런 사람들이 되기를 희망하는 사람에게 이 책은 훌륭한 입문서 구실을 할 것이다.

이 책의 논지를 요약하면 다음과 같다. 마르크스주의가 무엇인지에 대해 갖가지 오해가 있다. 게다가 상이한 마르크스주의들이 있고 그 가운데 일부는 완전히 상반된다는 사실이 우리를 더욱 혼란스럽게 만든다. 그래서 어떤 사람들은 그냥 마르크스주의를 자처하면 그것이 마르크스주의라고 정의하곤 한다. 그런데, 그렇게 되면 마르크스주의를 이미 망한 옛 소련 체제나 지금 수십만 명이 굶주리고 있는 북한 체제와 동일한 것으로 규정하는 셈이 된다.

이런 문제점을 그저 마르크스와 엥겔스의 저작을 경전처럼 인용함으로써 해결하지 못한다. 엥겔스도 지적했듯이 마르크스주의는 "교조가 아니라 행동지침"이기 때문이다. 마르크스주의의 초석은 그것의 계급적 관점, 즉 노동계급의 처지에서 세계를 이해하고 변화시키고자 하는 세계관이다. 그 세계관은 두 가지 전제 위에 성립됐다. 하나는 자본주의에 의해 생산력이 거대하게 발전하고 세계시장이 창출돼, 계급 불평등의 토대인 희소성이 사라졌다는 것이다. 둘째, 자본주의 이전의 피착취 계급들과는 달리 스스로 해방될 수 있고 그것도 계급 사회를 철폐함으로써만 그렇게 할 수 있는 새로운 계급 — 노동계급 — 이 등장했다. 사회주의에 대한 마르크스와 엥겔스의 정의는 노동계급의 자기해방이었다.

사회민주주의·스탈린주의·제3세계주의의 '마르크스주의'는 바로 이 노동계급 자기해방의 핵심적 중요성을 부정한다는 공통 특징을 갖고 있다. 이들 '마르크스주의'의 다양한 변형들은 당이 노동계급을 대신하고 게릴라 군대가 농민 대중을 대신한다는 사상, 곧 대리주의를 당연시해 왔다. 하지만 노동계급의 자기해방은 개화된 소수가 피착취·피억압 민중을 대신해서 하는 행위들을 통해서는 사회주의를 이룩할 수 없음을 뜻한다. 진정한 변화를 성취하기 위해서는 노동자들이 대거, 스스로 그 일을 해야 한다. 왜냐하면 지배계급이 대중 행동에만 응답하기 때문이기도 하거니와, 대중 행동, 특히 혁명적 행동을 통해서만 민중은 복종하는 데만 익숙하던 것에서 탈피해 사회의 운명을 자기 손에 장악하고자 하는 능동적인 주체로 변모할 수 있기 때문이다. 마르크스도 관찰했듯이, 투쟁하기와 조직하기를 경험함으로써 피억압·피착취 대중은 스스로 지배하기에 걸맞은 자질을 갖추게 된다.

역사적으로 사회주의 운동에서 일어난 중요한 분열은 모두 근원적으로 이 자기해방 사상을 놓고 일어났다. 가령 1890년대 말 독일 사회주의 운동에서 벌어진 '수정주의' — 오늘날에는 '개량주의'나 '사회민주주의'라는 말로 더 잘 알려져 있는 용어 — 논쟁에서 수정주의자들은 사회주의를 노동계급의 대표들이 정치 권력(국가 권력)을 장악하는 것으로 봤다. 이러한 사회민주주의 방식을 따른다면 노동계급은 자신의 해방의 주체가 되는 것이 아니라, 의회를 비롯해 국가 기구들에 진입한 자신의 대표들을 수동적으로 지지하는 것에 머무르게 된다. 수정주의에 반대한 로자 룩셈부르크 등 '급진파'는 노동계급의 혁명적 대중 행동으로써만 사회주의를 이룰 수 있다고 믿었다.

룩셈부르크는 점진적 개혁을 지지하는 사람들이 실제로는 '사회주의로의 평화적 길'을 밟는 것이 아니라 사회의 "표피적 변경"을 추구하는 것으로 끝나게 될 것이라고 주장했다. 독일사회민주당의 의회 지도자들과 노조 지도자들은 '평화적 길'을 지지해, 대중 행동을 예비로 비축해 두는 가외 용품 취급했다. 물론 '용인되는 한계' 안에서 사용될 것으로서 말이다. 성급한 행동은 "우익을 자극" 함으로써 ― 요즘 잘 쓰는 말로 하면 '자칫하면 역풍이 분다' ― 당과 노조의 존속을 위태롭게 만든다는 게 명분이었다.

두 대안의 차이가 적나라하게 드러난 것은 1918년 독일 혁명이 분출하면서였다. 독일 정부의 전쟁 노력을 지지하던 개량주의 노선 지지자들은 노동자 권력을 지지하는 좌파 지도자들을 갖은 애를 써서, 심지어 무력을 사용해서라도 파멸시키려 들었다.

사회주의 운동의 두 번째 분단은 제국주의 열강들의 개입에 의해 러시아 혁명이 빈사 상태에 빠진 틈을 타 신흥 관료 집단의 의인화라 할 수 있는 스탈린과 그 일파가 주도권을 쥐게 되면서였다. 스탈린주의도 노동계급의 자기해방을 부정하고는 사회주의를 일당국가의 국유화 및 지령경제와 같은 것처럼 만들어 버렸다. 이 점에서, 즉 사회주의를 노동계급의 자기 해방이 아니라 위로부터 국가를 통해 성취할 수 있는 걸로 본다는 점에서 스탈린주의도 개량주의와 비슷하다.

그리고 역시 사회민주주의처럼, 스탈린주의도 국제주의를 저버렸다. 사회민주주의 지도자들은 1914년 제1차세계대전에서 자국 지배계급을 지지해 인터내셔널을 와해시킨 한편, 스탈린은 1924년 한 나라에서도 무계급 사회를 건설할 수 있다는 '일국사회주의론'를 주창해 각국 공산당에게 국제주의를 가외의 선택, 일종의 덤으로 만들어 버렸다. 그 결과 세계 도처의 공산당들은 스탈린의 대외정책에 종속

돼 '소련의 국경수비대' 구실을 해야 했다. 스탈린주의가 국제주의에 특히 더 큰 해악을 끼친 것은 사회주의의 이름으로 그랬기 때문이다.

뿐만 아니라 스탈린은 이 '일국사회주의론'이라는 공상에 따라 1928년 이후에 러시아 사회를 억압적이고 착취적인 사회로 변모시켰다.

마르크스주의의 제3세계 변형인 마오쩌둥주의와 카스트로주의는 민족 자주를 이루기 위해 도시 중간계급 지식인들이 농민 군대를 이끄는 것을 전략으로 삼는다. 제3세계 마르크스주의도 스탈린주의처럼 사회주의를 국유화 및 국가 발전과 동일시한다.

이 책 때문에 올해 여름은 휴가도 못 가고 끙끙 맸으나 큰 보람을 느낀다. 아무쪼록 독자는 이 책을 정독해 마르크스주의의 고전적인, 진정한 전통이 무엇이고 굴절되고 곡해된 '유사' 전통은 무엇인지 명쾌하게 정리할 수 있기를 바란다.

2005년 8월 7일
옮긴이 최일붕

후주

1부 마르크스주의란 무엇인가?

서문

1　Trotsky, *The Permanent Revolution and Results and Prospects* (New York, 1969) p1.
2　Lukacs, *History and Class Consciousness* (London, 1971) p1.
3　이렇게 마르크스주의를 방법으로 환원하는 것은 최근에 영국 노동당 안에서 활동하는 밀리턴트(Militant) 그룹의 연설과 글에서 다시 나타나고 있다[예컨대 1983년 1월 8일자 <사회주의 노동자>(Socialist Worker)에 실린 로렌스 코우츠(Laurence Coates)의 글을 보시오].
4　Lukacs, 앞의 책, p1.
5　Trotsky, *In Defence of Marxism* (London, 1966) p11.

1장 마르크스주의의 계급적 토대

1　Marx, *Preface to a Critique of Political Economy*, ≪선집≫ 제1권 (Moscow, 1969) p503.
2　*Karl Marx : Selected Writings*, ed. D. McLellan (Oxford, 1978) p63.
3　같은 책, p63.
4　*Theses on Feuerbach*를 보시오.

5 Engels, 'On the History of Early Christianity', Marx and Engels, *Basic Writings on Politics and Philosophy* (New York, 1978) p209.
6 Engels, *Anti-Düring* (Peking, 1976) p18.
7 *Karl Marx : Selected Writings*, p212.
8 같은 책, p231.
9 같은 책, p231.
10 *Towards a Critique of Hegel's Philosophy of Right : Introduction* (1844), 같은 책, p73. 또한 우리는 맨체스터에서 엥겔스가 겪은 영국 노동계급에 대한 경험에 바탕을 두고 당시에 그가 했던 중요한 역할을 기록해 둬야 한다.
11 Lenin, *What is to be Done?* (Moscow, 1969) p40에서 다시 인용.
12 같은 책, p32.
13 J Molyneux, *Marxism and the Party* (London, 1978) pp46~50을 보시오.
14 *Karl Marx : Selected Writings*, p229.
15 ≪마르크스가 바이데마이어한테 보내는 편지≫(1882년 3월 5일), 같은 책, p341.
16 Lenin, ≪전집≫ (Moscow, 1962) 제25권, p412.

2장 마르크스주의의 과학성

1 K Mannheim, *Ideology and Utopia* (London, 1976)을 보시오. 만하임은 독립된 지식인을 자신의 사회적 지위를 초월할 수 있고 사회적으로 결정된 상이한 모든 견해의 종합에 도달할 수 있는 집단으로 여겼다. 나이젤 해리스는 이러한 관념과 "카우츠키의 명시적인 지식인 엘리트주의(초기 레닌이 모방한)" 사이의 유사성을 지적했다.

2 마르크스의 포이에르바흐에 관한 테제들 가운데서 제2테제를 보시오. 필요한 예들을 과학의 역사에서 끌어내서 이러한 주장을 확장한 것으로는 Peter Binns, 'What are the tasks of Marxism in philosophy?', *International Socialism* 2:17을 보시오.

3 '객관적'이라는 말이 그람시가 말한 대로 '인간적으로 객관적'인 것을 뜻하고 '초역사적·초인간적 객관성'을 뜻하는 것은 아닌 것으로 이해한다면 말이다. Gramsci, *Selections from the Prison Notebooks* (London, 1971) pp445~446을 보시오.

4 자본주의 사회는 소외된 노동에 바탕을 두고 있기 때문에 인간으로부터 독립되고 인간이 통제하지 못하는 실체라는 외관을 갖는다. 사회는 사회를 이루는 사람들의 외부에 있는 도덕적 실재라고 주장하고 '사회적 사실들을 사물로서 다루기'를 옹호한 부르주아 사회학자 에밀 뒤르껭(Emile Durkheim)과 "역사는 주체 없는 과정"이라고 주장하는 스탈린주의 철학자 루이 알튀세르는 모두 물화 — 소외라는 구체적 현실의 반영일 뿐인 지적 과정 — 라는 똑같은 잘못을 저지르고 있다.

5 그러나 미래에는 부르주아 시대의 과학과 사회주의 시대의 과학을 폭넓게 구분할 수 있을 것이다.

6 Lenin, *The Three Sources and Three Components of Marxism* (Moscow, 1981) p7.

7 부르주아지가 언제나 이런 형편에 놓여 있던 것은 아니다. 초기에, 그러니까 부르주아지가 지배계급이 되려고 투쟁하던 시기에 부르주아지는 사회를 변화시킬 필요가 있었다. 그리하여 부르주아 철학 이론가들(데카르트에서 헤겔에 이르는), 부르주아 정치학 이론가들(마키아벨리에서 루소에 이르는), 부르주아 경제학 이론가들(스미스와 리카도)이 커다란 업적을 쌓았다. 그래서 마르크스는 진정한 과학적 발견을 수행

한 고전 정치경제학자들과 뒷날 부르주아지한테 '돈을 받고 고용된 직업 권투선수들'을 구분했던 것이다.

8   Marx, *The German Ideology* (New York, 1947) p40.
9   Lukacs, *Lenin* (London, 1970) p9.
10 같은 책, p90.
11 Marx and Engels, ≪선집≫ (Moscow, 1962) 제2권 p80.
12 "인간을 해부하는 작업에는 원숭이를 해부하는 작업의 열쇠가 들어 있다"는 마르크스의 말은 이와 똑같은 방법론을 적용한 말이다. Marx, *Grundrisse* (Harmondsworth, 1973) p105.
13 예컨대, "생계 수단을 생산하자마자 [인간은] 동물과 구별되기 시작한다." *Karl Marx : Selected Writings*, p160.
14 Marx and Engels, ≪선집≫ 제2권, p91.

3장 실천에서 이론으로

1   Marx, *Critique of the Gotha Programme*, pp27~28을 보시오.
2   이와 똑같은 이유 때문에 민족자결 지지는 기계적 원칙이 아니다. 노동계급의 일반 이익에 어긋나고 그래서 반동적인 경우들이 있다. 예컨대, 19세기의 슬라브 민족주의(마르크스의 판단으로는), 제1차세계대전 시기의 세르비아인의 자결, 오늘날 웨일즈 민족주의와 스코틀랜드 민족주의.
3   Engels, 'Karl Marx', Marx and Engels, ≪선집≫ 제2권, p164.
4   *Karl Marx : Selected Writings*, pp167~168.
5   "인간이 본래 선하고 똑같은 능력을 부여받았다는 것에 대한, 경험의 전지전능함과 …… 환경이 인간한테 끼치는 영향 …… 등에 대한 유물론의 가르침을 이해하는 데 커다란 통찰력은 결코 필요가 없다. 유물론이

반드시 공산주의 및 사회주의와 관련을 맺고 있다 하더라도 말이다." *Karl Marx : Selected Writings*, p154.
6 마르크스, 포이에르바흐에 관한 제1테제.
7 마르크스, 포이에르바흐에 관한 제3테제.
8 같은 테제.
9 Karl Marx, *Early Writings*, ed. T. B. Bottomore (London, 1963) p202.
10 같은 책, p203.
11 Engels, 'Speech at the graveside of Karl Marx', Marx and Engels, ≪선집≫ 제2권, p167.
12 Marx, 'Preface to a Critique of Political Economy', *Karl Marx : Selected Writings*, 제2권, p167.
13 같은 책, p214.
14 Marx, *Early Writings*, p69.
15 같은 책, p120.
16 같은 책, p59.
17 우리는 자본주의가 저절로 해체된다는 의미에서가 아니라 자본주의를 전복할 수 있는 가능성을 낳는 깊은 위기로 빠져든다는 의미에서 '붕괴'를 얘기한다.
18 ≪자본≫이 노동가치 이론에 바탕을 두고 있다거나 상품의 이중성이 노동의 이중성(구체노동과 추상노동)에서 나온다는 것은 기술적 사항만도 아니며 우연도 결코 아니다.
19 Marx, *Early Writings*, p129.
20 같은 책, p132.
21 같은 책, p122.
22 Marx, *Capital* (London, 1974) p582.

23 Marx, *Early Writings*, p604.
24 Marx, *Capital* 제1권, p604.
25 이러한 종류의 숱한 문장들과, 초기 마르크스와 후기 마르크스를 구분하는 [대표적으로 알튀세르의] 관점을 결정적으로 부정하는 견해에 대해서는 Istvan Meszaros, *Marx's Theory of Alienation* (London, 1975) pp217~253을 보시오. ≪자본≫의 전체 구조와 논리에서 소외된 노동이 차지하는 중요성을 흠은 있지만 탁월하게 분석한 것으로는 Raya Dunayevskaya, *Marxism and Freedom* (New York, 1964)을 보시오.
26 Marx, *Capital* 제3권 (Moscow, 1966) p250.
27 Lukacs, *History and Class Consciousness*, pp53~54와 pp63~64 그리고 Dunayevskaya, 앞의 책, p143.
28 Lucio Colletti, 'Marxism: Science or Revolution', *From Rousseau to Lenin*을 보시오.
29 Hilferding, *Finance Capital* 서문, P Binns, 앞의 글, p123에서 다시 인용.
30 Lenin, 'Our Programme', 1899.

2부 마르크스주의의 변형들

서문

1 Lenin, 'The Historical Destiny of the Teaching of Karl Marx', 1913.
2 이 주장은 나이젤 해리스가 ≪사회에 대한 믿음들≫(Beliefs in Society)에서 제시한 마르크스주의의 변형에 대한 설명에 대체로 바탕을 두고 있다. 잇따라 나오는 주장들도 대체로 그렇다.

4장 카우츠키주의

1 SPD가 처음부터 개량주의의 씨앗들을 품고 있었음은 마르크스의 ≪고타강령 비판≫과 마르크스·엥겔스의 <회람장>(≪마르크스와 엥겔스 사이에 오간 서간 선집≫, 모스크바판, 1965년, p327)에서 분명히 지적됐다.
2 1900년에서 1905년까지 연평균 파업 건수는 1천1백71건뿐이었고 연평균 파업 참가자는 12만 2천6백6명뿐이었다(이 수치들은 *Sozialgeschichtliches Arbeitsbuch, Materialien zur Statistik der Kaiserreichs 1870~1914* (Munich, 1975), p132에서 계산된 것임).
3 Karl Kautsky, *The Class Struggle* (에어푸르트 강령) (New York, 1971).
4 같은 책, p7.
5 같은 책, p8.
6 같은 책, p88.
7 같은 책, p7.
8 같은 책, p159.
9 Marx, *The First International and After* (Harmondsworth, 1974) p80.
10 Kautsky, 앞의 책.
11 M Salvadori, *Karl Kautsky and the Socialist Revolution* (London, 1979), p22에서 다시 인용.
12 이 전략이 "상위 200대 독점 기업"을 급속히 국유화하는 조처를 추진한다는, 영국 노동당 내부의 밀리턴트 그룹이 추구하는 전략과 너무도 유사하다는 점에 주목하라. 물론 카우츠키는 이미 "사회주의 정책을 공약한" 대중 정당을 갖고 있었던 반면, 밀리턴트 그룹은 아직도 그것을 갖고 싶어 한다는 것이 차이이기는 하다.
13 M Salvadori, 앞의 책, p162에서 다시 인용.

14　Kautsky, 앞의 책, p189.

15　Lenin, *Marxism on the State* (Moscow, 1976), p78에서 다시 인용.

16　로자 룩셈부르크의 명쾌한 분석인 *The Mass Strike, the Political Party and the Trade Union*을 보시오.

17　M Salvadori, 앞의 책, p108.

18　같은 책, p111. 카우츠키는 또한 "프롤레타리아 독재의 문제는 미래로 미뤄 둬도 괜찮을 것이다" 하고도 말한 바 있음을 상기해 봄직하다.

19　같은 책, p110.

20　이 문제를 더 깊이 탐구하려면, John Molyneux, *Leon Trotsky's Theory of Revolution* (Brighton, 1981) 머리글을 보시오.

21　왜 러시아에서는 사정이 달랐는가 하는 것을 유물론적으로 설명한다면 (레닌의 개인적인 입장에 대해서 설명하는 것이 아니라 그 입장이 왜 룩셈부르크와 립크네히트 같은 레닌의 동료 국제주의자들의 입장보다 훨씬 더 많은 지지를 받았는가 하는 것에 대해 설명한다면) 러시아에서는 노동관료가 충분히 발전하지 못했다는 점이 하나의 중요한 요인으로 지적돼야 할 것이다.

22　M Salvadori, 앞의 책, p324에서 다시 인용.

5장 스탈린주의

1　Lenin, ≪전집≫ (Moscow, 1962) 제33권, p65.

2　볼셰비키 간부들은 불가피하게 권력과 원칙 사이에서 선택을 해야 했다.(그 사이에서 동요했던 자들은 둘 모두를 잃었다.) 주어진 상황에서 불가피하게 대다수는 권력을 선택해야 했다(그 방정식의 조건을 완벽하게 무너뜨릴 혁명이 다른 곳에서 성공하지 못했기 때문에)는 점에서 나는 선택에 관해 이야기하는 것이다.

3　Isaac Deutscher, *Stalin* (Harmondsworth, 1976), p272 [국역 ≪스탈린≫ (세계의 대회고록전집2), 한림출판사, 1972년에서 다시 인용.

4　스탈린의 개성은 이런 가면을 만들어 내는 데 아주 적합했다. 위선, 거짓말, 속임수는 그의 개성을 만드는 데 근본적으로 필요했거나 필요한 것이 됐던 듯하다.

5　≪독일 이데올로기≫에 나오는 다음과 같은 마르크스의 언급을 보시오. "공산주의는 오로지 유력한 인민들의 '급작스럽고' 동시적인 행동으로서만 가능하며, 이는 생산력의 보편적 발전과 공산주의와 밀접한 관계가 있는 세계적 교류를 전제로 한다." *Karl Marx : Selected Writings*, p171. 또한, Engels, *The Principles of Communism* (London, 날짜미상) p15를 보시오.

6　"물론 일국에서 사회주의의 최종 승리는 불가능하다. 소비에트 권력을 떠받치고 있는 우리의 노동자·농민 부대는 위대한 세계 군대의 여러 부대들 가운데 하나다." Lenin, ≪전집≫ 제26권, pp470~471. 트로츠키는 일국사회주의에 대한 레닌의 언급을 대부분 *The History of the Russian Revolution* (London, 1977), 부록2, pp1219~1257에 모아 놓고 있다.

7　Trotsky, *The Third International After Lenin* (New York, 1970) p36에서 다시 인용.

8　Stalin, *The Foundations of Leninism* (Peking, 1975) p212.

9　같은 책, pp28~29.

10　Trotsky, *The Revolution Betrayed* (London, 1967) p212.

11　<엥겔스가 다니엘슨에게 보내는 편지>(1892년 9월), N Harris, *Of Bread and Guns* (Harmondsworth, 1983) p168에서 다시 인용.

12　스탈린, <사무국에서 한 연설>, Isaac Deutscher, 앞의 책, p328에서 다시 인용.

13 Lenin, ≪전집≫ 제10권, p411.
14 J Stalin, *On the Opposition* (Peking, 1974) pp595~619를 보시오.
15 J Stalin, *Marxism and Problems of Linguistics* (Peking, 1976) p48을 보시오.
16 레닌이 ≪국가와 혁명≫ (Peking, 1970) p76에서 인용한 엥겔스의 말.
17 Isaac Deutscher, 앞의 책, pp472~479를 보시오.
18 레닌, ≪국가와 혁명≫, 앞의 책, p6.
19 Trotsky, *The Third International After Lenin*, p72.
20 다음과 같은 또 다른 요인들이 이 과정에 개입됐다. 소련 스탈린주의가 서방과 동등한 핵무장을 할 수 있게 되면서 서방 스탈린주의의 필요성이 굉장히 줄었다는 점, 1956년 흐루시초프의 스탈린 격하 운동이 있고 난 후 소련 스탈린주의의 이데올로기적 권위가 실추됐다는 점, 유고슬라비아와 중국의 소련 진영 탈퇴와 1956년 헝가리 혁명, 1968년 체코슬로바키아 반란이 누적해서 영향을 끼쳤다는 점.
21 비록 소수이지만(대개 이들은 공산당 밖에 존재하는 비판적 좌파다) 노동자평의회와 의회를 결합한다는 중도주의 개념을 부활시키는 조류도 있다. 이것은 1917년 혁명과 1919년 독일 혁명 당시 대중적 압력에 떠밀린 멘셰비키와 USPD(좌파 사회민주당)가 채택했던 정책이었다. 두 경우 모두 이 정책은 소비에트를 약화시키고 노동계급을 때려 부수는 데 이용됐다.

6장 제3세계 민족주의

1 Lenin, 'Theses on the National and Colonial Question', *Theses, Resolutions and Manifestos of the First Four Congresses of the Third International* (London, 1980) p77.

2   같은 책, p77.
3   같은 책, p80.
4   같은 책, pp80~81.
5   스탈린주의는 자기 진영 안에 있는 피억압 민족들 각각에 대해서는 완전히 다른 태도를 취했다. 소련 내에 있는 민족이든 동유럽에 있는 민족이든 또는 그 '영향권'에 속한 민족(아프가니스탄)이든 이들의 민족해방운동은 모두 무자비하게 탄압받았다.
6   중국 공산당의 어려움은 무장봉기의 즉각적 준비를 요구한 이 시기 코민테른의 초좌파적 '제3기' 노선으로 인해 더욱 가중됐다. N Harris, *The Mandate of Heaven* (London, 1978) pp16~18을 보시오.
7   C Guevara, *Guerilla Warfare* (New York, 1967) p16. 게바라는 또 이렇게 말하기도 했다. "게릴라 전사는 인구가 적은 산중이나 밀림에서 자기 행동을 실행할 것이다."
8   그러나 이들 이론가들은 제정 러시아의 나로드니키와 사회혁명당원들이 그랬던 것처럼 '민중'이라는 용어를 사용해 농민의 정체를 위장한다.
9   "중국에서 일어나고 있는 것은 낮은 생산력 발전 수준이 사회관계를 사회주의적으로 전환시키는 데 결코 장애가 되지 않는다는 것을 입증해 준다." C Bettelheim, *Class Struggles in the USSR, 1917~1923* (Hassocks, 1976) p42. Bettelheim에 대한 비판으로는 N Harris, 'Mao and Marx', *International Socialism* (first series) 89와 A Callinicos, 'Maoism, Stalinism and the USSR', *International Socialism* (new series) 2:5를 보시오.
10 "혁명을 일으키기 위한 조건이 모두 존재할 때까지 기다릴 필요는 없다. 봉기가 그러한 조건을 창출할 수 있다." C Guevara, 앞의 책, p15.
11 명시적으로 반(反)프롤레타리아적인 이론을 발전시킨 프란츠 파농이나

맬콤 콜드웰 같은 농민 혁명 옹호자들과는 달리 말이다. F Fanon, *The Wretched of the Earth* (Harmondsworth, 1970) 특히 p86과 M Caldwell, 'The Revolutionary Role of the Peasants', *International Socialism* (first series) 41을 보시오.

12 T Cliff, 'Permanent Revolution', *International Socialism* (first series) 61, p21에서 다시 인용.

13 "당은 1928년에 노동자가 당원의 단지 10퍼센트, 1929년에는 3퍼센트, 1930년 3월에는 2.5퍼센트밖에 안 됐고 …… 1930년 말에는 실제로 전무했음을 인정했다. 그때 이래 마오쩌둥이 최종적으로 승리할 때까지 당은 산업 노동자라고 할 만한 당원이 한 사람도 없었다." 같은 글, p20.

14 이것의 좋은 예는 1976년에 등소평 파를 다음과 같이 비난한 경우다. "우리 사회의 유산계급뿐 아니라 지주, 부농, 반혁명 분자, 악질 분자 등과 연계된 당 지도자들." 뒤이어 1977년에는 '4인방'을 이렇게 비난했다. "우리 당내 지주, 부농, 반혁명 분자, 악질 분자 그리고 신구 유산계급 분자의 전형적 대변자들." David Buxton, 'Another Goodbye to all that', *Radical Philosophy*, Summer 1979, p32에서 다시 인용.

15 이에 대한 증거로는 Y Gluckstein, *Mao's China* (London, 1957) p378을 보시오.

16 *Karl Marx : Selected Writings*, pp317~318.

17 자세한 내용으로는 Y Gluckstein, 앞의 책, pp174~178을 보시오.

18 이것은 레닌이 1903년에 멘셰비키와 결별할 때 주요한 쟁점 가운데 하나였다. Lenin, *One Step Forward, Two Steps Back* (Moscow, 1969) p66. J Molyneux, *Marxism and the Party*, p53을 보시오.

19 C Guevara, 앞의 책, p43.

20 같은 책, p43.

21 '8조훈령' 가운데 어떤 것들은 홍군 병사들이 날마다 반복해서 외웠다. 8조훈령의 나머지 것들도 비슷한 내용이다.

22 이에 대해서는 Y Gluckstein, 앞의 책, pp180~184와 N Harris, *The Mandate of Heaven*, pp24~28을 보시오.

23 몇몇 후진국에서 쁘띠부르주아지가 이런 구실을 해낼 수 있게 된 경위(연속혁명 이론의 예상과는 달리)에 대해서는 다음의 글에 분석돼 있다. T Cliff, 'Permanent Revolution'과 N Harris, 'Perspectives for the Third World', *International Socialism* (first series) 42.

24 또 다른 차이는 그들이 제도화된 노동자 권력의 유산에 의해 방해받지 않아도 되고(애초부터 노동자 권력이 존재하지 않았으니까), 따라서 스탈린주의가 직면했던 반대에도 부딪히지 않는다는 점이다. 그래서 그들은 스탈린주의가 했던 반혁명을 수행할 필요도 없다. 1930년대 러시아의 숙청과 강제노동수용소와 비교해 그들이 상대적으로 관대하게 보이는 것도 이런 데서 비롯한다.

25 민족해방의 이 두 측면에 대한 레닌의 언급을 보시오. "봉건적 수면 상태에서 대중을 깨어나게 하는 것, 그리고 모든 민족억압에 반대한, 민족독립을 위한 그들의 투쟁은 진보적이다. 그리하여 민족문제의 모든 부분에서 가장 단호하고 가장 일관된 민주주의를 지지하는 것은 마르크스주의자가 짊어질 의무이다. 이 임무는 주로 소극적인 것이다. 그러나 프롤레타리아가 이를 넘어 민족주의를 지지할 수는 없다. 왜냐하면 그것을 넘어서면, 민족주의를 **더 강화하려** 애쓰는 부르주아지의 '적극적인' 활동이 시작되기 때문이다." Lenin, 'Critical Remarks on the National Question', October-December 1913.

26 부르주아지가 매우 취약하고 거의 해체 상태에 있는 한편, 노동계급은 수동적인 경우.

27 Marx and Engles, ≪선집≫ 제2권, p149.
28 처음에는 페리 앤더슨이 정의한 바의 이른바 '서구 마르크스주의'까지도 분석하려 했지만, 글을 쓰는 과정에서 글이 길어지는 일이 자주 있었던 터라 이제는 지면이 모자라서 그러한 분석을 수행할 수 없다. 초기 루카치와 그람시(볼셰비키 전통에 서 있는)를 제외하고 '서구 마르크스주의'의 대표자들(마르쿠제와 프랑크푸르트 학파, 델라 볼페와 꼴레띠, 알튀세르, 풀란차스 등)은 모두 철학에서 그들이 어떤 차이를 갖고 있건 공통적으로 국제 프롤레타리아 혁명을 부정하고, 지식인의 상층부에 속해 있으며, 대체로 이런저런 형태의 스탈린주의를 붙잡고 있다고 말하는 것으로 충분할 것이다.

7장 진정한 마르크스주의 전통

1 예컨대, T Cliff, *Rosa Luxemburg* (London, 1959), T Cliff, *Lenin* 1~4권 (London, 1975~1979), D Hallas, *Trotsky's Marxism* (London, 1980), A Callinicos, *The Revolutionary Ideas of Karl Marx* (London, 1983). 나를 포함해서 이들 저자들은 모두 영국 사회주의노동자당 당원이다.
2 혹자는 이러한 잘못들이 중요하므로, 예컨대 민족문제에 관한 로자 룩셈부르크의 실수나 소련에 대한 트로츠키의 잘못된 분석이 중요하므로 그것들이 프롤레타리아의 견지에서 벗어나는 경향의 발로라고 주장할지도 모른다. 그러나 이런 잘못들이 이들 마르크스주의자들의 세계관 전체의 주된 특징이 아니라 부차적 특징이라는 점을 유념해야 한다.

찾아보기

ㄱ

가치법칙 33
간디(Gandhi) 102
강제 집산화 84
개량주의 89, 92, 93
게릴라 98~100, 104~109
게릴라군 99, 102, 104, 105
게릴라전 39, 98, 99, 102, 104, 105, 108
게바라, 에르네스토(Guevara, Ernesto) 99~101, 104~106
결정론 44
경제주의 71, 109
계급투쟁 25~28, 40, 41, 46, 47, 65, 70, 71, 82
고타(Gotha) 대회 63
≪고타강령 비판≫ 86
공산당 18, 25, 88~93, 95, 121

≪공산당 선언≫ 24, 25, 27, 38, 40, 41, 64
공산주의(자) 24, 41, 87, 91, 92, 96~98
관념론 43, 44, 100~102, 105
국가사회주의자 40
≪국가와 혁명≫ 28, 42, 86
국가자본주의 84, 91, 93, 115
국수주의 73, 87
국제주의(자) 37~39, 73, 75, 79, 81, 86, 108
군비경제 호황 115
그람시, 안토니오(Gramsci, Antonio) 42, 114
금욕주의 109
기계적 유물론(자) 44, 46, 72, 73
기술결정론 46
기회주의 25

김일성 101
꼴레띠, 루치오(Colletti, Lucio) 53

ㄴ

나로드니키 61
노동자 국가 82, 114
노동자 권력 28, 42, 75
노동자 민주주의 41
노동자 혁명 28, 54, 75, 94, 108
노동자평의회 42
농민전쟁 108

ㄷ

다윈, 찰스 로버트(Darwin, Charles Robert) 35
대장정 98, 104
대중파업 70, 71, 114
독일 사회민주당(SPD) 63~68, 72, 73, 97
≪독일 이데올로기≫ 35, 47, 52
독일 혁명 81
뒤링, 칼 오이겐(Dühring, Karl Eugen) 60

드레이퍼, 핼(Draper, Hal) 40
드브레이(Debray) 100

ㄹ

라쌀레, 페르디난드(Lassalle, Ferdinand) 63
러시아 혁명 22, 70, 79, 113, 114
<레닌 동지에게 드리는 맹세> 78
레닌, 블라디미르 일리치(Lenin, Vladimir Ilich) 18, 21, 22, 26~28, 34, 42, 54, 61, 76~80, 82, 84, 86~88, 95~97, 99, 104, 113~115
레닌주의 75, 77, 79, 85, 104, 105
≪레닌주의의 기초≫ 78~80
로스메르, 알프레드(Rosmer, Alfred) 113
≪루이 보나파르트의 브뤼메르 18일≫ 17, 102
루카치, 게오르그(Lukàcs Georg) 20, 34~36, 114
룩셈부르크, 로자(Luxemburg, Rosa) 18, 22, 71, 84, 113, 114
리찌, 브루노(Rizzi, Bruno) 21

ㅁ

마르크스·레닌주의 77
마르크스주의통일노동자당(POUM) 18
마오쩌둥 98, 100, 101, 104, 106, 107
마오쩌둥주의(자) 98, 100, 101
만하임 당 대회 70
만하임, 칼(Mannheim, Karl) 31
맥린, 존(McLean, John) 113
메링, 프란츠(Mehring, Franz) 113
모험주의 69
《무엇을 할 것인가?》 26
민족자결권 39
민족주의(자) 38, 86, 87, 89, 91~93, 95, 97, 98, 108~110
민족해방운동 95, 97
민중전선 90, 92

ㅂ

바쿠닌, 미하일 알렉산드로비치(Bakunin, Mikhail Aleksandrovich) 60
《반뒤링론》 24, 110
번햄, 제임스(Burnham, James) 21
베뜰랭, 샤를(Bettelheim, Charles) 100, 109
베른슈타인, 에두아르트(Bernstein, Eduard) 64, 73, 74, 88
베른슈타인주의 93
베버, 막스(Weber, Max) 21
변증법 17, 20, 46, 61, 114
볼셰비키(Bolsheviki) 75~78, 81, 108, 114
봉건제 32
부르주아 민주주의 90 96
부르주아 유물론 43, 44
부르주아 자유주의 37
부하린, 니콜라이 이바노비치(Bukharin, Nikolai Ivanovich) 84, 113, 114
불균등 발전 법칙 85
비스마르크, 오토 폰(Bismarck, Otto von) 63
빗나간 연속혁명 115

ㅅ

사파타, 에밀리아노 103

사회[주의적] 파시즘 72
사회민주주의 26, 62, 71, 88, 91, 93
사회애국주의 91
사회주의 혁명(론) 97, 100
사회주의(자) 21, 24, 26, 27, 39, 40, 53, 54, 60, 64, 65, 68, 69, 72, 73, 77, 79~81, 84~89, 91, 93, 100, 102, 109
사회주의자 단속법 63
사회혁명 45, 46, 87
세르쥬, 빅토르(Serge, Victor) 113
소련 공산당 78
소비에트 42, 75, 81, 96
소비에트 러시아 75~77, 82, 84, 89
소외 이론 49
'수령'론 101
수정주의(자) 55, 64, 68
스탈린, 요지프 비사리오노비치(Stalin, Joseph Vissarionovich) 18, 77~81, 83~85, 87, 97, 101
스탈린주의 33, 36, 62, 75, 77~79, 84~88, 90, 93, 94, 98, 100, 108~110, 114, 115

스페인 혁명 90
식민지 95, 96, 107
신경제정책 77
<신질서>(L'Ordine Nuovo) 42
쑨원 97, 102

ㅇ
알튀세르, 루이(Louis Althusser) 31
알튀세르주의자 19
에어푸르트 강령 64, 65
엘리트주의 105, 106
엥겔스, 프리드리히(Engels, Friedrich) 19, 23, 24, 35, 60, 79, 82, 83, 85, 110, 113
≪역사와 계급의식≫ 20
역사유물론 34, 35, 42, 43, 46~49, 53, 100
연속혁명 108, 114
영국 공산당 89
영국 노동당 60
영국 노총(Trade Union Congress) 89
영국 사회주의노동자당 115

영소노조위원회(Anglo-Soviet Trade Union Committee) 89
<원숭이가 인간으로 진화하는 과정에서 노동이 한 역할> 35
유러코뮤니즘 92, 93
유물론 27, 42, 43, 44, 48, 100
의회주의 66, 67
이데올로기 23, 31, 33, 38, 43, 45, 59, 60, 69, 72, 75, 78, 84, 86, 87, 89, 90, 92, 93, 97, 98, 101, 109, 110
이윤율 저하 경향 18, 52
이탈리아 공산당 92 93
일국사회주의(론) 79, 81, 82, 84, 85, 87, 89 91, 100
잉여가치 이론 50, 52, 53
≪잉여가치 이론들≫ 52

ㅈ

≪자본≫ 50, 52
장제스 97, 98
전제주의 52
정통 마르크스주의(자) 20, 64, 65
제1차세계대전 64, 73

제2인터내셔널 53, 62, 63, 72, 73, 97, 113
제2차세계대전 90, 92, 97
제3세계 민족주의(자) 62, 109, 110
제국주의(론) 73, 75, 84, 85, 87, 92, 95, 96, 107, 109, 114
종파주의 21
≪'좌익' 공산주의≫('Left-Wing' Communism) 115
좌익반대파(the Left Opposition) 85, 113
중국 공산당 89, 97, 98, 101, 107
중국 국민당 89, 97, 98, 102
중국 혁명 89, 100
진화론 35

ㅊ

≪철학의 빈곤≫ 24
체트킨, 클라라(Zetkin, Klara) 113

ㅋ

카스트로, 피델(Castro, Fidel) 100, 101, 104

카스트로주의 98, 122
카우츠키, 칼(Kautsky, Karl) 18, 26~28, 64, 65, 67~74
카우츠키주의 69, 70, 73, 75, 86~88, 93, 109, 110
칸트, 이마누엘(Kant, Immanuel) 53
코널리, 제임스(Connolly, James) 113
코민테른(Comintern) 88~92, 96, 97, 113

ㅌ
타일러, 와트 103
트로츠키, 레온(Trotsky, Leon) 20, 21, 24, 81, 82, 91, 104, 113, 114
트로츠키주의 77, 97, 113

ㅍ
파리 코뮌 41, 65
파시스트 24
파시즘 24, 71, 72, 114

파업위원회 42
판네쾨크(Pannekoek) 68
포이에르바흐(Feuerbach) 44
≪포이에르바흐에 관한 테제≫ 27
폴 포트(Pol Pot) 18
≪프랑스 내전≫ 42
프랑코(Franco) 90
프롤레타리아 독재 28, 41, 65, 78, 87, 93, 101
프롤레타리아 혁명(론) 29, 34, 37, 53, 54, 61, 77, 89, 95, 109
프루동, 피에르 조제프(Proudhon, Pierre-Joseph) 60
플레하노프, 게오르기 발렌티노비치(Plekhanov, Georgy Valentinovich) 18, 60

ㅎ
한계효용 이론 34
≪헤겔 법철학 비판 서문≫ 47, 48
헤겔, 게오르기 빌헬름 프레드리히(Hegel, Georg Wilhelm Friedrich) 45
호치민 101

홍군(紅軍) 106
흐루시초프(Khrushchyov) 101
힐퍼딩, 루돌프(Hilferding, Rudolph) 53

기타
≪1844년 경제학·철학 초고≫ 35, 47, 50, 52
1926년 총파업 89